培养孩子自主学习力的100个细节

李静 树先生 / 著

天津出版传媒集团

天津科学技术出版社

图书在版编目（CIP）数据

培养孩子自主学习力的100个细节 / 李静，树先生著
. -- 天津：天津科学技术出版社，2021.5
ISBN 978-7-5576-9032-8

Ⅰ.①培… Ⅱ.①李… ②树… Ⅲ.①小学生-学习方法 Ⅳ.①G622.46

中国版本图书馆CIP数据核字(2021)第066591号

培养孩子自主学习力的100个细节
PEIYANG HAIZI ZIZHU XUEXILI DE 100 GE XIJIE

责任编辑：胡艳杰

出　　版	天津出版传媒集团 天津科学技术出版社
地　　址	天津市西康路35号
邮　　编	300051
电　　话	（022）23332695
发　　行	新华书店经销
印　　刷	唐山市铭诚印刷有限公司

开本 880×1230　1/32　印张 7　字数 150 000
2021年5月第1版第1次印刷
定价：42.00元

前言

学习是孩子自己的事,学习成果的好坏会直接影响到孩子的未来发展,这就意味着孩子必须具备自主学习的能力。只有孩子积极主动地学习,才能拿到打开知识世界大门的钥匙,从而开启知识之旅。

自主学习能力的高低决定了孩子是否具备学习的主观能动性,孩子只有具备了自主学习的能力,才能保持较高的投入度和积极性,才能学有所得、学有所长、学有所成。本书依次从家庭环境、学习态度、独立意识、自控力、时间观念、科学方法、不良习惯等方面,分析了孩子缺乏自主学习力的种种表现,全面阐述了孩子缺乏自主学习力的问题,并提出了相关的解决措施。

孩子成年前的绝大部分时间都是在家庭中度过的,所谓"近朱者赤",只有身处一个健康、和谐、积极的家庭环境中,孩子才能感受到优秀榜样的力量。

良好的学习态度是迈向成功的第一道门槛,不良态度则是孩子培养自主学习力过程中的拦路虎。只有拥有正确的心态,才会在学习的路上拥有良好的开始。

独立意味着孩子能独自思考，做出选择，有很强的执行力，能自己的事情自己做。具备独立意识就意味着孩子是一个能担当、能把握自己人生的"小大人"。

自控，是理性思维和控制能力综合运用的结果。只有具备了自控力，孩子才知道在正确的时间做正确的事。

时间观念是学生的基本素养之一。从小培养孩子的时间观念，既能帮助他在校园里有序地开展学科知识的学习，还能为他以后的社会之路打下良好的基础。

学习是有技巧的，这就要求孩子要根据自身的具体情况，选择相应的科学有效的学习方法。

不良的生活习惯，比如不爱运动、作息不规律等，都会影响到孩子的身体健康。而身体是学习的本钱，不良的生活习惯势必会对孩子的学习造成间接影响。

青少年阶段正是需要家长给予更多关爱和耐心的时期，孩子是否具备自主学习力也是检验家庭教育的一项标准，本书力求帮助家长避开各种教育误区，转变教育思路，找到正确培养孩子自主学习力的方法和方式。

目录

第一章 塑造良好的家庭环境，营造自主学习氛围

细节1　家长放不下手机
　　　　——带头学习，营造学习型家庭氛围　　　　002

细节2　声音太大了
　　　　——孩子需要相对独立的、安静的学习环境　　004

细节3　不要再吵架了
　　　　——要想孩子安心学习，就要建立和谐的家庭关系　006

细节4　爸妈怎么还不回家
　　　　——担起父母的责任，别任其发展　　　　008

细节5　爸妈控制欲太强
　　　　——建立平等、彼此尊重的亲子关系　　　011

细节6　寓教于乐，玩中有学
　　　　——逐渐引导孩子对学习产生兴趣　　　　013

细节7　考得好，就都给你买
　　　　——不要拿学习和孩子谈条件　　　　　　015

细节8　我家孩子一般般
　　——多当面表扬孩子，别因为"谦虚"打击孩子的热情　　017

细节9　重要的事情说三遍
　　——我天天对你唠叨个没完，看你烦不烦　　019

细节10　别撒谎，别骗人
　　——说得出，做不到，会令孩子失望　　021

细节11　别一天到晚学个没完
　　——报班、辅导之余，也要让孩子歇歇　　023

细节12　少年维特之烦恼
　　——你了解孩子的心理状态吗？　　025

细节13　你对孩子尽心尽力了吗？
　　——对孩子永远有耐心、有信心　　027

细节14　犯错了
　　——学会科学惩罚孩子　　029

第二章　端正学习态度，好态度是成功的前提

细节15　为什么要学习？
　　——"为谁而学"很关键，对自己负责　　032

细节16　偷懒、怕累
　　——刻苦勤奋是挖掘知识宝藏的工具　　034

细节17　读书无用？
　　——让孩子体验艰辛，培养其危机意识，比单纯说教管用得多　　036

细节18　疯狂迷恋流量明星
　　——揭开虚假光环，巧用偶像力量　　038

细节19　畏考情绪
　　——考试成绩并不代表一切　　040

细节20　凡事都要专注
　　——认真才是试金石　　042

细节21　"拖延症"晚期
　　——快刀斩乱麻，给作业以迎头痛击　　044

细节22　走一步，看一步
　　——制订合理的学习计划　　046

细节23　讲了这么多遍，怎么还错？
　　——要真的懂，不能被同一块石头绊倒　　048

细节24　我全会
　　——不骄不躁，总有不会的　　051

细节25　这次没考好，不想再学了
　　——一次失败不可怕，总结经验就能进步　　053

细节26　下一次我要科科第一名
　　——慢慢来，急于求成不可取　　055

细节27　不向他人学习
　　——学会赞美别人，认识到他人身上的优点　　057

细节28　怕输
　　——竞赛是高效学习的好帮手　　059

第三章 培养独立意识，从内部驱动孩子自主学习

细节29 让妈妈来看看
　　——要舍得放手，放手越早，独立越好　　062

细节30 我会吗？
　　——相信自己，大胆尝试　　064

细节31 遇到问题多思考
　　——不要立刻辅导，让孩子有充足的思考时间　　066

细节32 发现孩子抄作业
　　——杜绝欺骗，靠自己才能赢得一片天　　068

细节33 不为了写作业而写作业
　　——自我审核，寻找进步的空间　　070

细节34 请孩子帮忙
　　——让孩子知道学有所用　　072

细节35 打破砂锅问到底
　　——鼓励孩子去观察，去探索，去钻研　　074

细节36 孩子也有自己的秘密世界
　　——尊重孩子的隐私，尊重是独立的前提　　076

细节37 不一样的思维方式
　　——欣赏奇思妙想，鼓励逆向思考　　078

细节38 养的小动物生病了
　　——让孩子学习照料小动物　　081

第四章 培养自控力，才能掌控人生

细节39 为什么必须这么做？
　　——明确界定，按规矩来　　084

细节40 能不能不这么做？
　　——坚定立场，坚守规则　　086

细节41 不给买玩具我就闹
　　——别让孩子尝到威胁的甜头　　088

细节42 孩子不打不成器？
　　——暴力教子不可取　　090

细节43 十分讨厌学习
　　——学习是为以后的人生做准备　　092

细节44 学习的时候总想玩，玩的时候担心学习
　　——不如停一停，休息一下　　094

细节45 还没放假心就飘走了
　　——再等等，玩的时间还没到　　096

细节46 沉迷网络世界，不能自拔
　　——现实世界更美好　　098

细节47 学习没有玩耍有趣
　　——学习和玩耍一样有趣　　101

细节48 别强迫我学习
　　——自己选择兴趣，兴趣引导梦想　　103

第五章 树立时间观念，有计划才有强大的动力

细节49　时间是什么
　　——通过日常训练培养时间观念　　　　　　　　　106

细节50　高效有什么好处呢
　　——节约时间，高效利用时间　　　　　　　　　108

细节51　孩子今天没进步
　　——吾日三省吾身：实现自我，超越自我　　　　111

细节52　快去做作业
　　——不做监工型父母　　　　　　　　　　　　　113

细节53　上课又迟到？上课总请假？
　　——守时就是守信　　　　　　　　　　　　　　115

细节54　好与快如何取舍
　　——情况不同，好与快也不同　　　　　　　　　117

细节55　这么多科目，怎么学啊？
　　——合理分配时间　　　　　　　　　　　　　　119

细节56　怎么过一天
　　——做好时间规划，事分轻重缓急　　　　　　　121

细节57　少量时间也可利用
　　——整合碎片化时间，变身时间管理小达人　　　123

细节58　该休息了
　　——家长要把握好孩子专注学习的度　　　　　　125

细节59　晚上不睡觉，早上叫不醒
　　　　——建立合理的作息时间表　　　　　　127

细节60　玩耍无极限
　　　　——根治"假期综合征"　　　　　　　129

第六章　掌握科学的学习方法，才能事半功倍

细节61　学以致用
　　　　——让孩子彻底爱上学习　　　　　　132

细节62　有提前预习吗
　　　　——准备好问题去上课　　　　　　　134

细节63　有课后复习吗
　　　　——把学到的知识消化掉　　　　　　136

细节64　背了又忘？总是背不下来？
　　　　——分类、联想、理解、巩固　　　　138

细节65　参加学习小组，孩子教孩子
　　　　——朋友力量无限大　　　　　　　　140

细节66　上课不听，下课补救
　　　　——高效利用课堂时间　　　　　　　142

细节67　不爱和老师打交道
　　　　——跟上老师的讲课进度　　　　　　144

细节68　考不好
　　　　——掌握考试技巧　　　　　　　　　146

细节69 偏科严重
　　——全方位均衡发展　　148

细节70 从不做笔记
　　——建立学习的"检修站"　　150

细节71 想不出来，想象困难
　　——想象力是创新的根本　　152

细节72 使用题海战术
　　——吃透知识才是好练习　　154

细节73 不爱读书
　　——强化精读，课外阅读很关键　　157

细节74 上网就想玩游戏、看视频
　　——让网络为学习助力　　159

细节75 从游戏中学习
　　——游戏促进大脑发育　　161

细节76 只积攒知识，不输出知识
　　——教别人更有利于知识的吸收　　163

细节77 错在哪里
　　——收集错题，做错题集　　165

细节78 知识零乱
　　——总结、归纳和构建知识网　　167

细节79 做到一半，卡住了
　　——学会不断修正、更新自己的学习方法　　169

细节80 只喜欢默读
　　——朗读与背诵有助于理解与记忆　　171

细节81　脑子一片混乱
　　——对知识要做好知识分类，做到心中有数　　173

细节82　没有清楚的自我认知
　　——认识自己，分析优劣势，统筹全局　　175

第七章　杜绝不良习惯，排除学习的负面干扰

细节83　只爱大脑运动，不爱身体运动
　　——脑体结合，学习和其他活动应合理安排　　178

细节84　孩子不是不会，就是马虎
　　——小马虎也是大毛病　　180

细节85　字迹潦草
　　——一手好字，受益一生　　182

细节86　孩子一声不吭
　　——有疑问才有进步　　184

细节87　用眼过度
　　——保护好眼睛　　186

细节88　只学习，别的什么都不管
　　——德智体美劳全面发展　　188

细节89　不愿意动手和动笔
　　——实践帮助成长　　191

细节90　打起精神，强撑着学习
　　——学会休息，学会放松　　193

细节91　"夜猫子"学习法
　　　　——熬夜学习，效率不一定高　　　　195

细节92　没有养成使用工具书的习惯
　　　　——学会运用各种手段搜集资料　　　197

细节93　学习带来苦恼
　　　　——管理好情绪，在学习中保持心情愉快　199

细节94　老师教的方法不管用
　　　　——学习要多疑多思　　　　　　　　201

细节95　书包、书桌一团乱
　　　　——学会整理学习物品很重要　　　　203

第八章　学习路上并非一帆风顺，做好成长的心理准备

细节96　怎么学了好久都没效果呢
　　　　——学习不会产生立竿见影的效果　　206

细节97　这门学科好难入门
　　　　——学习起步阶段是难熬的　　　　　207

细节98　和难题较上劲了
　　　　——谨防目标的过程性迷失　　　　　208

细节99　学习成绩波动幅度大
　　　　——学习是在起起落落中进步　　　　209

细节100　破罐子破摔，放弃自己
　　　　——人生不设限，才会变得优秀　　　210

第一章

塑造良好的家庭环境，营造自主学习氛围

良好的家庭环境能让孩子感受到榜样的力量。父母怎么做，孩子就照着学，父母如果爱学习，孩子自然也爱学习。因此，父母要想培养孩子自主学习的习惯，就要通过自己的言传身教来影响孩子，为孩子打造良好的家庭环境，帮孩子营造自主学习氛围。

细节 1 家长放不下手机
——带头学习,营造学习型家庭氛围

儿子:9点了,我可以玩手机了。

爸爸:你作业都还没做完就想着玩手机!这都几点了,你还没写完作业,不许玩。

儿子:凭什么您能玩,我就不能玩。

爸爸:大人玩手机是有正事,小孩的正事就是好好学习。

儿子:您骗人,我刚才明明看到您在打游戏。

科技的发展使人们越来越离不开手机,甚至沉迷于手机中的虚拟世界。很多家长虽然抱怨手机占用了自己太多的时间,也意识到其中的危害性,但在孩子的教育过程中还是忽视了孩子的"有样学样"。很多家长之所以犯这样的错误,就是因为没有认识到自身行为对孩子的影响。

1. 孩子的行动源于模仿

中国有这样一句老话:"身教大于言传。"说的是父母要自我约束和成长。因为孩子的判断力是有限的,他的行为大多都是源于对身边人的模仿。所以要想孩子放下手机，专心地学习，父母就得先放下手机，开始学习。父母以身作则，给孩子树立榜样，就是最好的办法。

2. 积极健康的环境有利于培养孩子学习的自主性

当父母给孩子营造了一个爱学习、积极进取的家庭环境时，孩子就很容易养成爱学习、努力勤奋的习惯。久而久之，孩子就会把学习当成一个必不可少的生活习惯，具有极高的自主性。

营造学习型家庭氛围的小妙招

父母要有意识、有目的地营造一种健康、积极的学习氛围，通过自身学习的体验，引导孩子对学习行为加以注意，进行模仿，从而有效地激发孩子的学习兴趣，使孩子实现品德与智力的良性发展。父母营造温馨和谐的学习氛围，能给孩子更多的满足感和安全感，这样孩子就会在快乐的氛围里开展学习，从而受益良多。

父母思考：不玩手机，如何安排时间？

要想解决这个问题，大家不妨回想一下，在没有手机的年代，人们是怎样生活的呢？是书籍、运动占据了人们的时间。所以，不妨在家中营造一个读书、学习的良好氛围。孩子耳濡目染后，自然就在心底种下了学习的种子，有了这颗种子，还怕长不成参天大树吗？

如果家长对阅读实在不感兴趣，也可以带孩子多参加体育锻炼、去旅游、和孩子一起玩耍等。用户外运动代替电子游戏，不仅能强身健体，还能避免孩子出现手机成瘾、视力受损等问题。

细节 2 声音太大了
——孩子需要相对独立的、安静的学习环境

爸爸：哇，球进了！耶！

女儿：爸爸，您能不能小点儿声啊？

爸爸：怎么了？

女儿：吵得我都没法背课文了！

爸爸：太精彩了，你把房间门关上就好了。

在生活中，当父母沉浸在自己的欢乐中时，难免会偶尔忽略对孩子的关注。比如，看球赛、好朋友家庭聚会这些事情对父母来说是很有意义的，他们很难完全拒绝，但如果处理得不好，就会对正在学习的孩子造成影响。甚至有的父母完全意识不到嘈杂的环境对孩子学习的影响。对此，父母必须加以重视。

1. 安静的环境有助于注意力的高度集中

孩子在学习的时候，大脑需要处理大量的信息，尤其是在做复杂的题目时，更需要大脑高度集中。可是如果外界环境很嘈杂，干扰信息就会源源不断地从耳朵进入孩子的大脑，使孩子的注意力分散，学习效率大打折扣。

2. 孩子注意力的集中程度远不如我们想象的那么强

孩子难以集中注意力不仅体现在容易受影响，还体现在难以适应环境的改变。当孩子从玩耍的兴奋和看电视的快乐切换到满是理论知识的学习中时，难免会因为不适应场景的转换而产生抵触情绪，甚至是逆反心理。所以当孩子沉浸在知识的海洋里，能够平心静气地开展学习时，家长应该把孩子周围的不良刺激和干扰降到最低。

 打造独立学习空间的小妙招

家长应为孩子提供独立的学习空间，在给孩子选择学习场地时，有条件的可以给孩子打造良好的隔音场所，注重学习氛围的营造。在孩子写作业的时候，家长不要频繁去干扰，如给孩子送水果、问他热不热等，这些行为都会分散孩子的注意力。

 父母思考：该如何帮孩子集中注意力？

营造良好的家庭氛围是关键的一步；提高孩子的生活品质，尽量排除影响孩子注意力的干扰因素；与孩子共情，帮助孩子处理情绪问题，使孩子有一个健康的、积极乐观的心态；挖掘孩子的兴趣，利用孩子的爱好来培养注意力；通过训练，引导孩子养成良好的习惯，做注意力的主人；等等。

细节 3 不要再吵架了
——要想孩子安心学习,就要建立和谐的家庭关系

爸爸:这件事明明是你做得不对。

妈妈:我没有错,我这么做合情合理。

爸爸:你不应该这么做,你事先应该和我说一声。

妈妈:这种事你不了解,说了也没用。

家应该拥有一种和谐友好的氛围,是孩子愉快成长的天地,能给人的心灵以平静,让一天的劳累在这里得到舒缓,使人心情舒畅,倍感轻松,而不仅仅是一座住了若干人的房子。但是,很多家庭却是让人伤痕累累的"战场"。孩子生活在这样的家庭中,自然无法安心学习。

1. 不和谐的家庭关系给孩子带来伤害

争吵不休的家庭不仅会给父母双方带来精神上的困扰,也会波及孩子,甚至会给孩子埋下心理疾患。但许多父母并没有意识到这一点,不仅当着孩子的面吵架,而且有时会大打出手。父母们这样做不仅会影响孩子的学习,更会给孩子的心理造成不可修复的伤害。

2. 父母的爱是孩子成长阶段必不可少的营养物质

对于孩子而言,家庭内成员间冲突频发,风波不断,他们就难以从家庭环境中获得足够的安全感和关爱,但这些在孩子的成长阶段是必不可少的,所以他们就会通过别的手段来吸引父母的注意力,轻则辍学、逃课,重则走上违法犯罪、危害他人和社会的道路。

 营造良好家庭关系的小妙招

父母要学会彼此包容,彼此体谅,多站在对方的角度思考问题。最好多交流,找出问题所在,共同努力化解冲突。如果觉得双方实在不合适,也无法维持婚姻,最好向孩子讲明。告诉孩子,即使父母分开了,也依然爱他(她)。父母要倾听孩子的心声,尽量满足孩子的合理需求。离婚后,也不要独占孩子,最好让孩子自由地活跃在双方之间。对孩子而言,父爱与母爱缺一不可。

 父母思考:为何缺爱会给孩子带来那么大的伤害?

缺爱的孩子往往会有这些表现:有的孩子会通过努力学习来获得父母、老师的赞赏,这样的孩子虽然成绩显著提高,但内心是缺少爱的,而且承受了更多的精神压力。有的孩子则通过故意厌学、沉迷游戏等不良行为,一是为了麻醉自己,二是可以引起父母的注意,这样的孩子往往会走上错误的道路。

细节 4 爸妈怎么还不回家
——担起父母的责任,别任其发展

妈妈:甜甜,你爸爸今天不能陪你去海洋馆了。

女儿:他怎么老是这样。

妈妈:怎么了?宝贝。别生气啊!

女儿:上次就说好了,这周末带我去海洋馆,怎么说话不算数呢?

妈妈:他这还不是为了努力挣钱嘛!

在很多家长看来,孩子放学回家,最期盼的事情就是玩耍与吃零食。然而,实际情况并非如此,孩子回到家,最开心的事情莫过于见到父母,他们渴望能在放松的环境中得到父母的陪伴。在幼童时期,孩子对父母会有浓重的依恋情结,渴望父母的陪伴与照顾,但是,如果长时间得不到父母的陪伴,孩子就会和父母疏远,这也是孩子与父母关系淡薄的开端。

1. 长时间的疏远会产生陌生感,亲密关系难以建立

许多家长抱怨孩子难以管教,不听话,还经常和父母顶嘴。出现这

种情况,很多家长认为一定是孩子的问题,其实他们忽略了根本原因,那就是亲子相处的时间不够,并未建立起亲密关系,没有深层次的心灵沟通。孩子听家长的话,并不是因为家长的话正确,而是因为孩子对父母的爱。父母如果没有时间陪伴孩子,孩子就会和父母产生距离感,对父母的感情也会变得淡薄,甚至会对父母产生怨恨,因为父母并没有付出足够的关心和爱。

2. 陪伴才是最好的爱

孩子小的时候,总喜欢缠着父母,对父母有浓重的依恋情结,一旦父母要上班,孩子总是难舍难分,甚至会通过哭闹等方式缠住父母,等孩子长大后就不会有这种情况了,但这并不意味着孩子不需要父母的陪伴。其实,每个孩子都需要父母的爱,而父母爱孩子的最好方式就是陪伴。陪伴不仅能给孩子带来安全感,还会使父母与孩子之间的沟通变得顺畅,有效增进亲子关系。

 增进亲子关系的小妙招

有时,家长确实花了大量的时间陪孩子,但和孩子之间依旧有一种陌生感。原因就在于家长只是人在陪孩子,心里却想着工作等事。这样陪伴孩子就成了应付差事,即使陪孩子的时间再长,也不会收到应有的效果,反倒会使孩子觉得父母心不在焉。所以真正的陪伴不是两个人待在一起,而是有沟通、有互动,让孩子感受到关心和爱。

家长可以多陪孩子做一些户外活动,比如放风筝、踢足球等;一起做家务也不错;也可以睡前读个小故事。在休闲的时候,可以和孩子聊聊天，关心一下孩子最近做了什么，交到了什么朋友，但不能太严肃，要轻描淡写地切入话题。

 父母思考：当不得不在孩子的成长过程中偶尔缺席时，该如何处理？

如果实在太忙，真的没有时间，或者远在外地，父母也要经常和孩子沟通，抽时间打个电话，或者挑一些孩子喜欢的小礼物。一定要主动地说明自己的情况，努力让孩子了解自己的情况，不要理所应当地认为孩子长大后就会理解大人的难处。无论如何，父母都要和孩子保持沟通。

细节 5 爸妈控制欲太强
——建立平等、彼此尊重的亲子关系

儿子:我觉得我可以用这个方法试一试。

爸爸:你按我教的方法来做,不要自作主张。

儿子:这个方法可能做起来更快。

爸爸:你别尽想些馊主意。

有些父母面对孩子,没有温柔的笑容,没有设身处地的关心,只有强硬的态度,在催促孩子学习时,不是轻声细语,而是严厉呵斥。倘若孩子犯了错,他们就会劈头盖脸地批评,甚至有可能进行"棍棒教育"。这样的父母早已超出严厉的范畴,更接近专制。

1. 孩子的意见需要得到尊重

父母在面对孩子时,总会有一种强烈的控制欲,想让孩子按照自己的计划执行,更有甚者会把孩子当作自己的附属品,在和孩子沟通时,总想令行禁止,一步到位,认为孩子的意见和看法不可取,也听不进去孩子的意见。这种做法是不可取的,孩子的意见理应得到尊重。

2. 暂时的顺从是后来叛逆的根源

面对控制欲强的父母，有的孩子因迫于权威而选择隐忍，在高压下继续生活、学习，但是已经对家庭产生了恐惧情绪；有的孩子则会寻找其他渠道发泄不满情绪，轻则顶撞长辈，重则参与打架斗殴等暴力事件。父母应当放下控制欲，建立平等、互相尊重的民主型亲子关系。

建立民主型亲子关系的小妙招

要建立民主型亲子关系，父母首先要做的是尊重和重视孩子的意见和看法，认为孩子的观点是值得考虑的，把孩子当成一个独立的"人"来看待，对于某些敏感的话题，可以有选择地与孩子进行交流与探讨，问一问孩子的想法。

父母思考：当一件事确实是对的，可孩子怎么都听不进去时，这该怎么办？

父母在给孩子讲一件事之前，一定要思虑周全，提前将事情想清楚，价值观务必要正确，不能向孩子灌输错误的想法。对于孩子的错误想法，家长应以引导教育为主，批评为辅。如果孩子不能马上改正，也不宜采取强硬的手段进行制止。教育不是一蹴而就的事情，只有坚持下去，才会收获成效。

细节 6　寓教于乐，玩中有学
——逐渐引导孩子对学习产生兴趣

女儿：爸爸，我不想写作业了。

爸爸：为什么呢？

女儿：写作业很无趣啊。

爸爸：没事，爸爸陪你一起做，相信很快就能写完了。

如何提高孩子学习的自主性，可是让家长伤透了脑筋。每当孩子做作业时，家长都要耗费很多的时间和精力。甚至有家长抱怨道："老师留的作业，不是给孩子留的，是给我留的。"至于让孩子爱上学习，积极主动地解决学习上遇到的难题，那更是难上加难。

1. 玩耍是孩子的天性

从某种程度上来说，年幼孩子的天性就是玩，他们通过玩来探索世界，收获快乐。如果让他们老老实实地坐下来，规规矩矩地写好一个字，或者解数学题，背个单词，孩子往往就会出现不满的情绪。因为孩子学的知识是刻板的，这违背了孩子的天性。但迫于父母和老师的权威，他们不得不完成任务，以致出现注意力不集中、做事拖拉等问题。归根结底，是因为孩子对学习知识没有产生兴趣。

2. 在玩乐的过程中传授知识

在孩子成长的初期，父母可以采用寓教于乐、以玩带学的方法，帮助孩子从学习中找到玩时的快乐与兴趣。在游戏中，孩子是掌控游戏的参与者，而不是被动的接受者，此时向孩子灌输知识是最容易被吸收的。况且，生动有趣的游戏过程可以调动孩子的积极性，不会让孩子感觉枯燥和乏味，且不会感到厌烦。一旦激发起孩子探索知识的兴趣，他的自主学习能力的培养就不再是问题。

用玩具教学的小妙招

家长首先要认识到玩具的价值，玩具并不只是用于开发智力的工具，还可以充当知识教具。把孩子喜欢的玩具和一些生动有趣的书本搭配在一起，通过玩具引导孩子对知识产生兴趣，就可以让孩子边玩边学。一开始，家长最好给孩子选择通俗易懂、吸引力较强的图书，等孩子培养出学习兴趣后，再逐步增加理论知识的学习。

父母思考：边玩边学的学习方式是错误的吗？

家长一定要清楚，寓教于乐的目的是让孩子对学习产生兴趣，并不是边玩边学，并且这种方式只适用于孩子对学科不感兴趣的时候，等孩子进入状态后，还是要注重学习的专注度，提高学习效率，逐步摆脱游戏，这样孩子才能适应学校快节奏的学习模式。

细节 7 考得好,就都给你买
——不要拿学习和孩子谈条件

儿子:我想要这个新版的汽车模型。

妈妈:你若考得好,我就什么都给你买。

儿子:真的吗?

妈妈:你同桌考了第一名,他妈妈给他买了个大玩具。你若考第一名,妈妈也给你买一个。

学习成绩不是生意场上谈判的条件,家长不是买家,孩子也不是卖家,靠金钱、礼物来激发孩子的学习动力,是最被动的、效果最差的教育办法。但许多家长没有认识到这一点,甚至认为自己掌握了让孩子自主学习的办法。殊不知长久下去,有的孩子在频繁的物质奖励后会失去期待,继而失去学习的动力,像泄气的皮球般一蹶不振;而有的孩子会形成强烈的依赖性,甚至把学习作为和父母进行谈判的筹码,以此要挟父母。

1. 物质奖励使孩子对父母产生误解

孩子容易对物质奖励产生一种错误的看法,会把物质奖励同父母的爱画等号,认为父母看重成绩超过自己,进而对父母产生误解。而孩子如果没有实现家长的目标,家长是买,还是不买呢?不买,孩子认为父母不爱不够优秀的自己,进而陷入自卑的情绪中;买了,孩子就更不会认真对待学习:所以这是个两难的境地。

2. 不正确的物质奖励会冲淡学习的价值感

当物质奖励变成学习的唯一目的时,孩子就会对学习逐渐丧失正确的认识,会把学习当作满足家长需求的一种手段,从而失去努力学习的核心动力。即使孩子会为了这一次的奖励努力学习,但当奖励实现后,新鲜感和满足感就会消失,孩子也很难在以后的物质诱惑中继续保持学习的动力。

 正确奖励孩子的小妙招

家长对孩子进行奖励,尽量不要与考试成绩挂钩,可以把物质奖励改成亲子活动、外出旅游和口头表扬等形式,一定要让孩子明白奖励的初衷和目的,让孩子对父母的奖励有一个正确的认识。

 父母思考:为何诸多高校都设立丰厚的奖学金?

虽然现在不少大学设立了丰厚的奖学金,但家长应认识到,这一做法一方面能激励那些贫困学生通过勤奋学习来获得各项奖学金,减轻家庭的经济负担;另一方面,可以促进学生在德、智、体、美、劳等方面得到全面发展,毕竟要拿到奖学金不只是学习成绩优异就行的。

细节 8 我家孩子一般般

——多当面表扬孩子,别因为"谦虚"打击孩子的热情

邻居:小明,你今年期末考试考了第几名啊?

小明:全班第二名。

邻居:考得这么好啊,可真厉害啊!

小明妈妈:我们家小明成绩很一般的!

在现实生活中,很多家长听到他人夸奖自己的孩子时,尽管心中已经乐开了花,却往往出于谦虚,随口说"还好啦!""一般般!"之类的话,甚至当着外人的面直接指出孩子的缺点,如做事不认真、在学校里和其他孩子闹矛盾、乱涂乱画等。当家长采取这种行为时,显然没有意识到这会给孩子带来某种程度上的伤害,孩子会疑惑:"我明明很认真,很优秀,怎么就是得不到妈妈(爸爸)的认可呢?"

1. 谦虚不应该源于爱面子

俗话说:"谦虚使人进步,骄傲使人落后。"这里所说的"谦虚"指的是有谦虚的态度,明白学无止境和人外有人的道理,而不是

大多数父母碍于面子，在面对外人时，当面数落孩子缺点的这一行为背后的"谦虚"心理。

2. 家长赞许和夸奖孩子会提高孩子的自信心

孩子也需要口头上的表扬，尤其是在外人面前，他们也是讲尊严、爱面子的。在面对陌生人时，孩子会主动表现自己，以求获得他人的赞许和夸奖。若此时家长过于谦虚，就会打击孩子的自信心，会让孩子觉得尴尬，进而产生社交恐惧、不愿意迎接挑战等自卑心理。

 成功应对外人当面夸奖孩子的小妙招

当别人夸奖自己的孩子时，家长应该认同孩子的努力和方法，可以说"这都是他长期努力与坚持的结果"。这样的正面激励有助于孩子把好的行为习惯或品质内化。如果担心孩子出现自负、自大等不良心理，也可以说"这都多亏老师的细心教导"。等回到家后，再表扬孩子就可以了。

 父母思考：如何教会孩子得体地回复别人的夸奖？

当着外人的面，家长不应该说一些损伤孩子尊严的话，而应该鼓励孩子展现自己。当别人夸奖孩子时，家长不应该过度谦虚，而应该让孩子说声"谢谢"，大大方方地接受。并且，还要教会孩子说"我会继续努力的"，让孩子显出不骄不躁的人生态度。

细节 9 重要的事情说三遍

——我天天对你唠叨个没完,看你烦不烦

妈妈:作业不及时做,吃饭也不好好吃,为什么你就是改不过来呢?

儿子:我知道了。

妈妈:我看你就是不知道,知道了还一而再,再而三地这样做。

儿子:我正在改。

妈妈:改,怎么一点儿长进都没有?

儿子:您别说了。一件事唠叨个没完,烦不烦啊!

在生活中,父母很容易形成一种习惯,即把一件自己认为很重要的事挂在口头,反复叮嘱孩子,生怕他因为自己不及时提醒而疏忽,却没有意识到自己的这一行为会给孩子带来听觉上的疲倦和困扰。同样的一句话、同样的一件事被反复提起,换位思考一下,各位家长会不会也像孩子一样厌烦?若孩子长期依赖于父母的叮嘱,也难以培养出自主性。

1. 父母唠叨是不信任孩子的表现

唠叨是父母对孩子没有信心的真实写照,体现的是父母对孩子能进行自我管理的质疑和不信任。父母潜意识里会有种过度的担心，担心孩子会忘记重要事情，更有甚者会担心孩子故意对父母的关心和警告置之不理。这背后的心理学依据其实就是亲子关系的脆弱，父母不了解孩子的生活习惯，乃至品性，根本原因就是不信任。

2. 反复叮嘱会造成逆反心理

家长之所以唠叨，其实是不懂得正确地处理与孩子之间的关系，误以为通过反复的强调就可以在孩子的脑海中形成深刻的记忆。殊不知，长此以往，孩子会产生逆反心理，对于父母所有的叮嘱，一概会充耳不闻，进而使得亲子关系恶化。

 强调重要事情的小妙招

当父母意识到某件事情的重要程度时，第一反应是让孩子同样意识到这件事情的重要程度，对此，进行深层次的有效沟通是非常有必要的，一次强化意识的交流比不停的唠叨有效得多。父母也应当学会视情况保持沉默，耐心等待孩子产生自主意识。

 父母思考：为什么有些错误孩子会重复犯？

当发现同样的错误孩子一犯再犯时，父母应当第一时间调整好自己的情绪，心平气和地和孩子沟通，询问原因，听孩子把话说完，了解清楚情况，然后再和孩子一起寻找解决的办法。苏格拉底说："上天赐给每个人两只耳朵，而只有一张嘴巴，就是要求人们多听，少说话。"父母要学会倾听，学会等待孩子深刻认识到自己的错误，把错误改掉。

细节 10 别撒谎，别骗人
——说得出，做不到，会令孩子失望

女儿：爸爸，我们说好了这周末去郊游的。

爸爸：这周末不行，我要去外地出差，下次吧。

女儿：您明明答应我了，我都期待好久了。

爸爸：不急不急，下次吧。

很多父母在面对孩子提出的各种请求时，总是事前轻易许诺、事后赖账，为了推脱找理由，以期能暂时转移孩子的注意力。但孩子面对这一情况会伤心、失望，长此以往，孩子会对父母的承诺保持高度的怀疑，警惕心和不信任感会逐渐加重，安全感会降低，情绪会变得不稳定。

1. 父母是孩子最崇拜的人

孩子一出生，就开始了模仿，而在这个过程中，通过照料孩子而与之建立亲密关系的父母，自然而然就成了孩子心目中的楷模，父母的一言一行都会在孩子的心中被无限放大，与此同时，父母的失信行为也会被无限放大，给孩子带来的情感创伤也就比较大。

2. 希望越大，失望越大

对于父母做出的承诺，孩子会抱有比较高的期待值，这不仅仅是为了获得物质类的鼓励，更多的是一种心愿，一种心理需求被父母满足的安全感，而当这种愿望落了空，孩子的心里就会产生负面情绪，生出怨气。

 父母维持好形象的小妙招

父母要想在孩子心目中维持好的形象，诚实守信是必不可少的，更多的应该是传递正能量，如乐于助人、爱护花草树木、注意个人卫生、有进取心等，让孩子知道父母都有哪些好的习惯，都做了哪些正确的事，从而对父母产生钦佩之情。

 父母思考：如何杜绝"有求必应"的情况？

当孩子提出一些父母认为不太合理的要求时，父母可以这样做：首先要对孩子的需求有一个清楚的认识；其次，父母可以让孩子进行换位思考，培养孩子自主思考和共情的能力，看看其中合理的比例占多大；甚至可以通过谈判和辩论，用理论依据指出要求的不合理性。父母应当做出正确的行为规范，不要为了推脱而找理由哄骗孩子。

细节 11 别一天到晚学个没完

——报班、辅导之余,也要让孩子歇歇

> 爸爸:这周给你新加了个全脑课和情商课。
>
> 女儿:那我这周末还有自己的时间吗?
>
> 爸爸:没事,时间挤挤总会有的。
>
> 女儿:我不想去,太累了。

在现代社会,科技和知识更新迭代的速度远远超出了人们的预期,本就对孩子寄予很高期望的家长有着深深的担忧,把对未来的压力转嫁到孩子身上,对于各色的辅导班,往往不加选择,一窝蜂地抢报,根本没有考虑孩子的承受能力。

1. 有兴趣才是做出成绩的基础

当孩子已经明确表明不愿意的态度时,家长应该重视孩子的意见。违背孩子意愿的行为,不仅不能使孩子积极主动地学习特长班的知识,还会导致孩子的学习效率低下。特长班是以丰富孩子的生活,开阔孩子的视野为目的的,家长应选择孩子感兴趣的,这样孩子才能学得快乐,才会取得进步。

2. 报补习班的前提是孩子有轻松的状态

家长要明白,给孩子报补习班的前提是孩子的身心都得到了休息与放松。当孩子能以轻松愉悦的状态投入学习中,才能得到很好的学习效果。假期是孩子放松的时间,父母在给孩子留出足够他支配的时间后,再适当地挑选一些课外辅导班,这样才能让孩子劳逸结合。

开拓个人兴趣的小妙招

当孩子拿不定主意,不知道自己的兴趣爱好是什么的时候,家长就要加强对孩子各个方面的观察,了解孩子的个性和喜好,也可以通过兴趣测试来帮助孩子做选择。

父母思考:如何帮孩子摆脱"假"不喜欢的困境?

孩子的内心充满抵制情绪,无非是因为不了解实际情况,或是觉得难度太大。在这种情况下,家长就需要适当地进行开导、鼓励和调整,帮助孩子走出困境。一味地施压只会让孩子感受不到尊重,容易形成紧张的家庭氛围。

细节 12 少年维特之烦恼

——你了解孩子的心理状态吗？

妈妈：女儿，你今天看起来不开心，怎么了？

女儿：没什么事，我做作业去了。

妈妈：怎么了？说给我听听。

女儿：今天和同桌吵架了。

营造愉快的家庭氛围的重要一环就是坦诚相待，任何人有想法都可以说出来，通过沟通来化解矛盾，不让家中的问题像滚雪球一样越滚越大。父母可以帮助孩子化解情感问题和学习压力，反过来，孩子也可以帮助父母解决难题，从而实现家庭小社会中的"我为人人，人人为我"。

1. 孩子也有学习之外的苦恼

很多家长理所应当地认为年幼的孩子是没有任何烦恼的，只要把所有精力用在学习上就可以。殊不知，孩子的心理承受能力很弱，敏感程度比较高，如果其在童年时期经历的挫折和伤害得不到有效化解，其性格和心理就会很容易受到不好的影响。

2. 苦恼不一定都是压力,压力不一定都是动力

家长一定要能辨别出孩子的问题是否来自学习,如果是学习上的问题,那一定要帮助孩子一起处理,而不是错误地认为"压力就是动力"。

当孩子面对压力时,家长一定要根据孩子的承受能力,区分其对于孩子而言能否承受。挫折固然是孩子成长路上必须经历的,但只有在其承受范围内的压力才是孩子成长中的助推剂。

做好孩子心理疏导的小妙招

当孩子有了过度的情绪反应时,会变得消极,感到恐慌和忐忑。在这种情况下,父母要加强对孩子的心理疏导,帮助他认清现状,相信自身价值,进行合理宣泄,如多与家人、朋友交流,倾诉内心的感受,从而获得支持、安慰和鼓励;如果效果不佳,则需尽快寻求专业心理服务人员的帮助。

父母思考:如何发现孩子的心理问题?

首先,通过解读孩子的语言和行为了解孩子的生活。其次,通过感受孩子的心态和心情,了解孩子的心理状态。最后,了解孩子与人相处的情况。家长也可以通过查阅相关资料进一步了解孩子的情况,或者通过测试来判断孩子的心理问题。

细节 13 你对孩子尽心尽力了吗?

——对孩子永远有耐心、有信心

爸爸:这道题又做错了。

女儿:是啊,这个方法还是没学会。

爸爸:那明天再去请教老师一次吧。

女儿:嗯嗯。

首先,父母来回答一个问题:你能接纳一个会犯错、有缺点、和你所期望的不太一样的孩子吗?如果你不能接纳,那再问自己一个问题:你能接纳一个有问题、有弱点、和你所期望的不太一样的自己吗?无论答案是什么,我们都在与一个不完美的自己共处,我们都不得不忍耐自己。因此,我们也应该包容还不成熟的孩子。

1. 人无完人,接纳不完美

家长接纳孩子,不是用主观的标准和感受的好恶来决定自己表达爱的方式,也不是以成绩的好坏或是用世俗的标准来决定爱的程度,而是全面、客观地认识孩子,既能欣赏孩子身上的闪光点,又能冷静、理智地对待孩子在困难时期的种种不好的表现。

2. 爱孩子是一切教育的开始

当孩子用未完全发育成熟的心智去面对一个未知的、充满挑战的世界时,他们都会下意识地通过与父母的眼神、肢体和语言交流来确认自己的身份和价值,这时家长如果给予孩子信任和爱,并让孩子能够从中感受到父母的爱,就会给孩子带来心理安慰。

父母表达爱的小妙招

让自己付出的爱和孩子接受到的爱保持一致是非常关键的,这需要父母多表达爱,注重孩子的情感体验,不用"爱"的名义去绑架孩子,不用"爱"的要求去压制孩子的内心需求。

父母思考:如何从心态上接受孩子的不完美?

当孩子出现问题、暴露缺点时,这不仅考验家长处理问题的能力,还对父母的心理建设能力和自我调节能力提出了挑战,父母需要做出重大的心态转变和心理上的让步,以跟上孩子日益变化的步伐,从心理上适应孩子的变化,与孩子共同成长。

细节 14 犯错了
——学会科学惩罚孩子

儿子：爸爸，我把小明的书弄丢了。

爸爸：和他说了没？

儿子：说过了，他也原谅我了。

爸爸：尽管他原谅你了，但我还要罚你——赔他一本新书。

对于孩子而言，犯错误是频繁发生的一件事，可是当孩子没有意识到犯下的错误的严重性，或反复地犯同一个错误时，家长就应该提高警惕，并仔细观察孩子犯错的动机，找出背后的原因，及时帮助孩子解决问题，以防酿成大祸。在这一过程中，家长也要视情况采取科学合理的惩罚手段。

1. 惩罚是具有积极意义的

惩罚，是指对孩子某种思想行为给予否定性的评价或强制措施，使其受到警示，旨在控制不良的思想行为。父母也应当认识到孩子在接受惩罚的过程中，遭受了一定程度的损失，痛定思痛，提高了对错误严重性的认识，这是惩罚要达到的最终效果。而父母也应当采取公正合理、科学健康的惩罚手段，把握好惩罚的度。

2. 惩罚不是目的，惩罚是手段

家长在实施惩罚前，应该主动告知孩子：惩罚不是目的，惩罚只是为了防止此类错误重复出现的手段之一，而目的是为了让你更加清楚地认识到错误的严重性；惩罚是父母不得不这么做的无奈之举，这也是父母对孩子爱的一种方式。告知孩子如果对惩罚方式有意见，可以主动提出来。

家长科学惩罚孩子的小妙招

当孩子犯错时，家长要克制住自己，不对孩子大发脾气，不产生不良情绪；等情绪平稳后，询问孩子犯错的动机；可与孩子一起讨论犯错的原因和惩罚的手段；不在人前处罚孩子；提醒处罚的原因；具体问题具体分析，根据问题的属性，采取相应的惩罚措施，如帮忙做家务，禁止某项活动或不满足某个要求等。

父母思考：惩罚会不会让孩子心生怨气？

家长在实施惩罚前，首先得让孩子说出自己错在什么地方，深刻地认识到问题的严重性；其次，让孩子意识到，家长采取惩罚这一手段是无奈之举；再次，让孩子了解到惩罚本身所带有的积极意义；最后，家长采取的惩罚手段应当是科学的、合理的和公正的，并在执行过程中不添加任何情绪。此外，处罚完后，让孩子说出被处罚的原因。

第二章

端正学习态度，好态度是成功的前提

孩子学习的第一步应当是拥有良好的心态，能积极地面对学习，这样才能够激发内在的力量，提高学习效率，取得优异的学习成绩。当一个孩子学习态度不端正、三心二意、没有进取心时，即使天天坐在书桌前，也是在做无用功，学习成绩也难以提高，长此以往，孩子的自信心就会受挫。

细节 15 为什么要学习?

——"为谁而学"很关键,对自己负责

儿子:爸爸,我不想学习。

爸爸:为什么啊?

儿子:我觉得学习没有什么意义。

爸爸:学习是最有意义的一件事。

面对刚刚进入课堂的孩子,老师都会问这样一个问题:"你在为谁学习?"有的孩子说为老师学,有的说为爸爸妈妈、爷爷奶奶学,很少有孩子说为自己而学。其实,即使孩子说为自己而学,也可能是鹦鹉学舌,并不理解这句话的真正意义,因为大部分孩子潜意识里并不知道学习是什么,不知道为什么学习,不知道怎么学习,更不知道学习与自己的关系。

1. 学习的真正含义

从广义上说,学习是指通过阅读、听讲、思考、研究、实践等途径获得知识和技能的过程。行为主义心理学家认为,学习是由经验引起的行为相对持久的变化。结合这两种解释来看,学习能获得知识的增长、专业技术的掌握和显而易见的外在变化。当学习动力和目的都不明确时，孩子学习就是为了完成父母的嘱托和任务。

2. 学习是让孩子终身受益的唯一方式

只有让孩子意识到学习是为了自己，孩子才能正确地看待学习在他生命中的地位。家长一定要让孩子了解一个事实——自己才是学习的最大受益人。孩子学得好，基础知识掌握得牢，才能有进一步学习和深造的可能性，才能进入某一学科的前沿领域，掌握最新的科学技术和研究成果，进而发明和创造，成为该领域的佼佼者。

 培养孩子学习意识的小妙招

意识是行为的前提，所以在上学前，家长就应该告诉孩子，无论是穿衣、吃饭，还是做作业都是孩子自己的事情，与父母无关。孩子做好了，自己会从中受益；做不好，最终吃苦的还是自己。

 父母思考：为什么中国文化看重"光耀门楣"这一传统？

"光耀门楣"指的是有所成就后，家里人都沾光。其实，不只是最亲近的家人受益，就连整个社会都会因为孩子取得的巨大成功而发生一些变化。家长要让孩子明白自己是学习最直接的受益者，但学有所成也能够影响到最亲近的家人，得到社会的认同。成功产生的连带效应是不可忽视的。

细节 16　偷懒、怕累
——刻苦勤奋是挖掘知识宝藏的工具

女儿：妈妈，今天外面太冷了，可不可以不去上学啊？

妈妈：不可以的。

女儿：真的好冷啊。

妈妈：再冷你也要去上学，偷懒是不对的。

现在很多父母都会过度保护、过于宠溺与纵容孩子，从而使孩子很难养成吃苦耐劳的品格，导致孩子怕吃苦、怕受累，容易抱怨，习惯坐享其成，喜欢不劳而获，缺乏责任感。殊不知，生活中的很多苦头是人生的必修课，成功由不得半点儿偷懒。

1. 正视孩子的偷懒心理

有些孩子会用各种理由逃避上学，对于生活中的一些新挑战也难以接受。这背后的一个重要原因就是偷懒心理，具体表现为孩子对学习能避则避，不会过多地投入时间和精力，不承担责任，不积极主动地争取机会。

2. 成功没有勤奋之外的捷径

爱迪生曾说:"天才就是百分之一的灵感加上百分之九十九的汗水。"他的2000多项发明都是经过非凡的努力和奋斗才成功的。在学习的道路上,只有坚持不懈地努力,不怕苦,不怕累,才能抵达成功的彼岸。学习犹如种庄稼,只有勤奋,大地才会还以丰收的喜悦。

 培养孩子勤劳品质的小妙招

在生活中,父母要有意识地把一些力所能及的事情交给孩子做,比如把孩子的房间交给他自己去整理。父母要鼓励孩子多参与课外活动,如做志愿服务工作等。

 父母思考:有哪些"隐性"溺爱孩子的习惯?

很多父母都会无意识地溺爱孩子,具体表现为:把最好的衣食留给孩子,会特别对待孩子的喜好,控制不好孩子的作息时间,过分在意孩子在生活中遇到的小挫伤,替孩子解决学习以外的一切事情,随孩子心情的好坏来决定是否上学,等等。

细节 17 读书无用?

——让孩子体验艰辛,培养其危机意识,比单纯说教管用得多

妈妈:到点了,该去学习了。

儿子:我不想学习。

妈妈:不学习怎么可以,明天老师是要检查作业的。

儿子:我知道啊!我是真没心思学习。

面对孩子不爱学习的情况,尽管很多父母费尽口舌,苦口婆心地举了众多名人的事例,可孩子充耳不闻,依旧无动于衷。尽管教育专家一直在强调父母娇惯孩子的种种害处,建议让孩子体验生活的艰辛,可有些父母始终难以下定决心,导致孩子成了家中的"小皇帝"。归根结底,是孩子没有切身体会到没有知识、没有文化的可怕,没有认识到知识的重要性。

1. 没学历的人,不一定没知识

在社会上一些典型案例的引导下,一些父母和孩子不假思索就得出"学历无用论"的观点,形成一种否定知识与学习的看法。能得出这种观点的原因就是并未透过现象看本质,盲目地把学历同知识画等

号,其原因是他们对没学历的成功人士没有一个全面、客观的认识。要知道,这个世界上有且只有一条成功的捷径,那就是拥有丰富的知识,知识在各个时代都是最有用的。

2. 生活远比我们想的艰辛

现代的孩子大多都在舒适的环境中长大,再加上受认知水平的限制,他们对社会中的竞争情况和现实压力并不是很了解,甚至会游思妄想。其实,让孩子体验生活的艰辛,更能激发孩子学习的动力,让他们珍惜学习机会;提前让孩子了解社会的运行规则和现状,培养孩子的危机意识,比单纯地说教要管用得多。

 培养孩子危机意识的小妙招

父母可以适度让孩子了解一些各行各业的信息,鼓励孩子参观企业和工厂,以了解行业知识和科技的最新进展,让孩子知道企业招收员工的薪资标准,了解物价,等等。让孩子对这些信息保持一定的关注度,进而意识到知识技能带来的成功和财富。父母还可以带孩子到大学里看看,让孩子产生憧憬,从而激发孩子内在的学习动力。

 父母思考:怎么让孩子知道挣钱很难?

当孩子提出物质要求时,一定要设置限制,杜绝予取予求的情况,也不允许过度索求,不能什么都给孩子买最好的。要鼓励孩子做家务,总之不允许不劳而获。让孩子多乘坐公共交通工具出行,培养其勤俭节约、不铺张浪费的好习惯。

细节 18　疯狂迷恋流量明星

——揭开虚假光环，巧用偶像力量

女儿：妈妈，今天下午我要去参加×××的见面会。

妈妈：不行。

女儿：我真的好喜欢他。

妈妈：不行。

女儿：我就要去。

在屏幕上有高活跃度的流量明星往往有着常人难以拥有的光环，容易形成一种备受关注、饱受宠爱的效应。这种效应对心智不成熟、容易被外表迷惑的孩子有较强的吸引力。孩子追星可能只是跟风，不想被群体孤立，又或者想与众不同、标新立异。

1. 台上一分钟，台下十年功

很多家长出于担心，怕孩子因为追星，将精力、青春白白浪费，干脆就不问孩子的想法，直接采取严厉的管教方式，从而形成了与孩子的紧张对立关系，结果孩子出于逆反心理，反而会更加沉溺其中。这时父母应该巧妙化解孩子对偶像的错误迷恋，纠正孩子的偏颇观点和看法，并结合偶像成功背后的努力和奋斗，合理有效地对孩子展开思想引导。

2. 学习偶像成功的原因

很多成功人士在事业发展的初期都有自己的偶像，如比尔·盖茨、史蒂夫·乔布斯等，他们把偶像的成功视作目标，学习偶像身上的优点和长处，也从偶像失败的经验中汲取教训，帮助自己规避风险。对他们而言，对偶像的崇敬已经转为内心的驱动力，是鞭策自己不断进取、勇攀高峰的精神力量，是一种无形的鼓励。

 引导孩子合理、有度地追星的小妙招

首先，父母不要直接批评孩子，要引导孩子认识明星的本质，理由一定要充分，不要凭空捏造。如果某个明星确实有可以学习的地方，可以借用明星的努力、勤奋、刻苦、善良等品质，转移孩子对明星虚假光环的崇拜。如果孩子对明星过于迷恋，要和孩子定好规矩，不能听之任之，要求孩子保持理智，控制好追星的度。比如，上课要认真听讲，要及时完成作业，不胡乱给明星经济应援等。有时候，孩子追星不过是一时兴起，家长要适时引导，千万不要劈头盖脸地痛骂孩子。

 父母思考：孩子追星的根本原因是什么？

孩子有可能是一时的迷恋，也有可能是跟风，但最根本的原因是孩子将自己的某个梦想或欲望投射到偶像身上，以弥补现实与其理想世界的缺口，有些孩子会借用明星的力量开始个人的奋斗；而有些孩子会产生虚妄的痴想，过度沉迷在明星效应制造出的假象中，难以自拔。

细节 19 畏考情绪
——考试成绩并不代表一切

妈妈:数学考试最后一道题怎么没写?

女儿:我算了好久也没算出来,就没有写。

妈妈:没关系,算出哪一步就写到哪一步啊!

女儿:我怕写错了。

作为一名学生,孩子总是希望能通过考试把自己的学习成果和学习进展完全呈现出来,而在面对一些大型考试时,孩子难免会有考前焦虑情绪。适当的焦虑能促使孩子对当前事物高度重视,从而提高处理问题的效率,而过度焦虑则会形成心理压力,干扰孩子在考试过程中的正常发挥,若是循环往复则很容易让孩子产生考试焦虑情绪,对孩子的身心健康产生不好的影响,甚至带来疾病。

1. 考试是一件很平常的事

几乎每时每刻都有成千上万的人在参加各种各样的考试,"考试"早已成为现实生活中人们的一门必修课。在这种现象下,孩子具备从容应考的心理素质就显得尤为重要,只有这样,孩子才能在考试中有好的心态，获得好的成绩。

2. 考试成绩是参考，不是用来评判学习好坏的标准

分数只是对孩子学习情况的一个检验，是老师短期内教育成果的一个总结，是检测学生学业的一个参考数据，分数并不代表孩子的一切。父母不应只看重孩子取得的分数，而应重视分数背后孩子的实际学习情况。

 化解孩子恐考心理的小妙招

首先，父母应该用平和的心态来对待孩子的成绩，不提出过分的要求。其次，当发现孩子出现考前焦虑时，父母应当鼓励孩子通过室外活动来减压，让孩子做一些自己喜欢的事，转移注意力，避免焦虑，提高自信心。再次，父母要加强与孩子之间的交流，因为孩子害怕考试的背后往往存在错误的认知，这时需要父母帮助孩子做好心理辅导，帮孩子构建正确的考试观。

 父母思考：孩子考试成绩不理想时，父母应该怎么做？

当孩子考试成绩不理想时，父母应当用宽容的态度，帮助孩子仔细分析原因，找出问题的核心，帮助孩子找到合适的学习方法，制订合适的学习目标，并在完成考试的总结后鼓励孩子向前看，争取下次考试取得好成绩，提高孩子的自信心。

细节 20　凡事都要专注
——认真才是试金石

爸爸：儿子，今天老师向我反馈你上课不专心听讲。

儿子：嗯，是的。

爸爸：怎么回事啊？

儿子：我听着听着就走神儿了。

现代社会喧嚣、浮躁、快节奏的环境很容易让孩子被周围的事干扰，难以养成专心致志、一心一意的好习惯，这不利于孩子全身心投入学习中。"注意力是知识的窗户"，注意力不集中的人，很难收获到知识。专注是一个人持之以恒的先决条件，如果不专注，这个人是很难取得成功的。

1. 注意力的集中程度与学习的效果成正比

注意力的指向性指的是注意力投向的对象，集中性指的是注意力投向的程度。孩子投入学习活动中的注意力越多，他的学习效果就越好。在课堂上，只有在注意听讲的前提下，才能有效地、有意识地、有目的地开展思考，更好地吸收知识，从而达到预期的效果，避免错过重要的内容,顺利完成学习任务。

2. 学不进去时就停一停,重整旗鼓再出发

当孩子对学习内容的兴趣不大,或是难以接受学习的内容,抑或是出现学习疲劳,精神不济时,往往会引起注意力涣散,这时父母应当帮孩子静下心来观察和分析一下情况,找到问题的根源,对症下药,及时做好调整。

改善孩子专注力的小妙招

父母可以从这几个方面入手来改善孩子的专注力:控制孩子使用电子产品的时间;合理调节和搭配孩子的饮食,避免高糖、高脂肪的食物和饮料;留给孩子足够的运动时间;不随便干扰孩子做事;提供无干扰型的学习环境;开展一些提升专注力的训练活动;建立合理的休息制度,保证充足的睡眠时间。

父母思考:孩子注意力不集中都有哪些表现?

孩子注意力不集中的表现有:坐不住,手脚动作不断;持续性差,写写停停,任何事做一会儿就停;抗干扰能力差,容易被打断;容易走神儿,爱发呆;粗心大意,经常会犯一些基础性的错误,易忽视细节;思维迟钝,很难跟上上课的节奏,等等。

细节 21 "拖延症"晚期
——快刀斩乱麻,给作业以迎头痛击

爸爸:你什么时候做英语作业?

女儿:不急不急,等我先玩会儿。

爸爸:先把作业做完再玩吧。

女儿:没事,今天老师布置的作业简单,我很快就能做完。

有的孩子属于完美主义类型,会选择宁愿牺牲速度也要重视质量的方式来完成作业;有的孩子属于沉思型认知的类型,会陷入深层次思考中,进而导致效率降低;有的孩子爱偷懒,慢吞吞地以求敷衍了事。这些孩子都有一个共同的特质,那就是做事慢,爱拖拉,这是令父母都头疼的一件事。

1. 孩子没有形成时间观念由多种因素造成

孩子没有形成良好的时间观念,做事之前也没有意识到事情的严重性,将事情一拖再拖,就算是做了也是磨磨蹭蹭,效率低下,因积成性,形成错误的行为模式,这其中的根本原因是孩子目标不明确,没有将要解决的问题合理安排妥当，也没有强大的执行力，同时也缺乏有效的监管。

2. 不善于科学地管理时间的负面影响严重

不善于科学地管理自己的时间是孩子的通病：把最耗费精力的作业安排在玩游戏和看电视的后面；把大量的时间放在和同学闲聊和看电视、打游戏上；习惯于磨磨蹭蹭，并没有意识到时间的飞逝……这些不良的习惯会对孩子时间观念的形成造成负面影响，使孩子没有自觉性，容易出现忙乱的状况，长远来看会促使孩子急躁、易怒性格的养成。

让孩子不磨蹭、不拖拉、快速完成作业的小妙招

限制好时间，提高紧迫感，用合理的时间管理法来增强孩子的时间观念，进而培养孩子的自我控制能力；制定奖惩制度，培养孩子遵守规则的意识；让孩子把效率放心间，让孩子自己判断事情的轻重缓急，有选择性地安排事情的先后顺序。

父母思考：给孩子贴上"慢"标签会有什么负面影响？

当父母发现孩子有做事慢、易拖拉的坏习惯时，会随口给孩子贴上"拖拉鬼""小磨叽"的标签。殊不知，这样容易让孩子养成做事拖沓的性格，因为父母的这些"慢"标签很容易使孩子形成相对应的心理暗示，推动孩子的人格发展走向，最终形成错误的自我认知。

细节 22 走一步,看一步
——制订合理的学习计划

爸爸:你不是说要先把数学题做完吗?

儿子:我先背会儿英语单词,数学题下午再做。

爸爸:数学题量比较大,一下午时间够吗?

儿子:那我现在就做。

凡事预则立,不预则废。小到一个家庭规划开支用度,大到一个国家制定政策,生活中处处都需要计划。没有计划,寸步难行;有了计划,才能给行动设立明确的方向,才能未雨绸缪,使得认识的能力得到提高和锻炼。计划关系一件事的最终结果,成功的背后都因为有好的计划做准备。

1. 学习前,思考下学习的目标

大多数孩子上课前都没有思考这几个问题:老师这堂课将会讲些什么,哪些是重点,哪些是难点,这堂课讲的知识点是解决什么样的问题,等等。如果孩子设定上课前的预期目标,带着问题去听课,那么听课的效率和质量将会有大幅度的提升,也有助于孩子养成认真听讲的好习惯。

2. 学习前，想一想该如何实现学习的目标

当孩子依照目标实施计划时，就不会漫无目的地学习，这样孩子就知道学习的最终目的是什么，知道学习是为了达到什么样的效果，知道检验学习成果的标准是什么。学习不再是高不可触的难事，而是轻而易举的。学习就像是爬山登顶，只要确定目标，肯攀登，就一定能到达顶峰。

 家长教孩子制订学习计划的小妙招

确保孩子制订的学习计划合情合理，不宜太高，也不宜太低；要综合客观因素，不能脱离孩子的实际情况；要系统化，考虑角度要全面；循序渐进，由易到难；长远计划同短期计划有机结合，并在实际执行过程中不断地调整和优化；把孩子的课堂学习同课外活动相结合；强调孩子的执行力，通过行动来检验计划等。

 父母思考：如何执行制订的计划？

对于可开展的计划，我们一定要尽可能地降低执行难度。首先，采用分解法，把大目标分解成小目标，降低执行难度，这样有利于落实到实际行动中，并能提升孩子的成就感。其次，程式化执行，最大限度地做好技术上的优化，让执行尽量符合个人情况，降低情绪上的干扰，提高效率。

细节 23 讲了这么多遍，怎么还错？

——要真的懂，不能被同一块石头绊倒

爸爸：这道题讲了多少遍了，怎么还做错呢？

儿子：再遇到的时候，我还是不会做。

爸爸：你怎么就是记不住呢？你到底有没有认真听讲？

儿子：我有认真听讲。

孩子在学习的过程中，会经常犯同一个错误，使得父母头疼不已，甚至大动肝火。之所以出现这种情况，是因为：有的孩子学完就忘，很难将知识储存在大脑中；有的孩子态度有问题，根本就不重视学习；有的孩子基础知识薄弱，同样的解题方法和步骤讲了好几遍仍然听不懂；还有的孩子害羞，不懂也不敢问，遇到问题也不会积极主动地去请教。

1. 要掌握同类型题目的解题技巧

解题是讲究方法的，很多题目都是来自书本上的同一知识点，只是换了说法而已。所以只要孩子掌握了一个题目的解题技巧，做其他的同类型题目就会得心应手，做题效率也会得到极大的提高。而当孩子没有掌握同类型题目的解题技巧时,就会出现同一题目总是做错的情况,这主要在于孩子没有把知识点彻底弄懂。

2. 家长一定要了解孩子的问题,并帮助其解决

当孩子出现一道题目总是做错的情况时,有些父母会让孩子反复抄写题目和答案来加强记忆。殊不知,这是效率极低的一种办法,这时父母应该问问孩子出错的原因究竟是什么:是原理太难了,超出了孩子的知识范畴?是解题方法比较新奇,接受起来比较困难?还是题目并没有听懂,又不好意思再提问?家长要了解孩子的真实情况,对症下药,并给予孩子鼓励,为孩子在解决困难的过程中加油打气。此外,父母可以不定期地抽查这道题目,最好集中时间让其学习一下,时间一长,孩子就能记住了。

家长帮助孩子增强记忆力的小妙招

采用编故事记忆法,来提高知识的趣味性;鼓励孩子多动手,将书本上的知识同现实生活中的活动联系起来,并加以运用;提高孩子的理解能力,处理好理解和记忆之间的关系,掌握原理推导的过程;多和孩子展开讨论,进行思想碰撞;使用图画、图表记忆,将知识进行拆分,帮助孩子将其导入思维框架中,或是鼓励孩子去想象画面,发散空间想象力和形象思维能力。

父母思考:如何解决孩子面对同一道题目总出错的问题?

当遇到这种情况时,家长不妨转换思路,让孩子给家长讲。只有

孩子自己在讲课前把思路理顺了,才能讲得通顺,这样就证明孩子是真的弄懂了,这样做还能调动孩子的积极性,提高成绩。如果孩子在讲的过程中,再次出现了错误,可以引导孩子理清逻辑,或者尝试逆向推理等。

细节 24 我全会

——不骄不躁，总有不会的

> 女儿：我又考了100分。
>
> 爸爸：我女儿就是厉害，太棒啦！
>
> 女儿：现在老师在课堂上教的知识点都很简单。
>
> 爸爸：真的吗？简单的知识也是有难点和重点的。

适度的骄傲是对自己的一种鼓励，小孩子的骄傲也是如此。但如果孩子过度轻视学习，麻痹大意，自我感觉良好，往往就会心高气傲，目中无人，有的孩子还会伴有做事粗心，不分轻重，学习态度不认真等行为，就是俗称的"眼高手低"。

1. 不能让孩子沉迷于短暂成功的快乐

小孩子自控能力很差，并且做事比较浮躁，取得一点成绩后，很容易骄傲。然而，有的父母不但没有及时矫正孩子不良的心态，反而推波助澜，继续夸耀孩子的小小成就，让孩子更加骄傲。孩子在学习上稍稍取得一点成绩，往往能令父母大感欣慰，但父母这时要提高警惕，不要过度地附和和褒奖，否则只会使孩子越来越骄傲。

2. 及时矫正孩子的骄傲心理

当孩子取得一点成绩而沾沾自喜的时候，父母要及时将这种骄傲转化为孩子学习的内在动力，而不是变成孩子自负的开端。如果孩子目空一切，会设立一些不切实际的目标，一旦受挫，会使孩子的自信心严重受损，所带来的伤害也是最大的。所以一旦孩子出现骄傲心理，父母要及时矫正，不要推波助澜，以免孩子积习难改，悔之晚矣。

 父母应对孩子骄傲的小妙招

家长要有准确的判断力，不应该随意地夸奖孩子；不要太在意孩子一时的成绩，当然也不能无视孩子的进步；要批评孩子的骄傲行为，使冲昏头脑的孩子冷静一下；要给孩子适当的挫折教育，可以带孩子参加一些竞赛，让孩子认识到学海无涯；还可以让孩子读一些名人传记，让孩子知道骄傲可能会带来的后果。

 父母思考：骄傲就真的一无是处吗？

徐悲鸿曾说："人不可有傲气，但不可无傲骨。"适度的骄傲是有利的。一个人应当是有傲骨的，对自己提出较高的标准，有远大的目标；有信心，相信自己的能力，相信通过不懈的努力能成功；摆脱消极情绪，乐观、积极地看待事物；培养自尊心；利用能刺激进取心的竞争环境。

细节 25 这次没考好，不想再学了

——一次失败不可怕，总结经验就能进步

女儿：考砸了，不想学了。

妈妈：就是一次考试，还有下一次，没考好才能暴露问题。

女儿：我不相信。

妈妈：相信你自己，下次一定能做到。

父母在教育的过程中如果过于宠溺孩子，给予太多的掌声和鲜花，替孩子解决一切困难，那么孩子在遇到挫折时就会选择逃避。如果孩子能够冷静地从之前的经历中吸取宝贵的经验，磨炼自己的意志，那么他将得到成长，取得进步。而如果孩子不能承受失败的痛苦，那么在一次又一次的打击下，他的意志就会逐渐消沉，会产生严重的挫败感，不相信自己，重则会产生厌学情绪。

1. 学习就是攀登一个又一个高峰的过程

在学生时代，孩子要经历无数次考试，这些考试总有成绩不尽如人意的时候。生活中也经常会犯错、出现失误，这都是孩子在成长过

程中需要面对的情况。孩子无法面对失败,并出现自暴自弃的行为,这对成长没有任何帮助,因为人的一生就是一个不断遇到困难、解决困难的过程。

2. 对孩子的期待要立足于实际

如果父母给孩子设立不切实际的目标,对孩子提出过高的期望,就会使孩子产生巨大的压力。当孩子长期处于高压状态下,在遇到挫折后,就会倍受打击,甚至自我怀疑,也更容易对学习产生厌倦情绪。

让孩子越挫越勇的小妙招

当孩子没有达成学习目标,产生沮丧的情绪时,父母不要过于苛责,以免使孩子对学习产生畏惧感,而要及时引导孩子走出情绪的低谷,重新振奋起来;父母平时也可以给孩子开展适当的挫折教育,让孩子形成"困难永远会不断出现"的世界观,让孩子有勇气面对挫折;在生活中,要鼓励孩子有始有终,帮孩子磨炼性格,树立长远意识,让孩子看到未来,不会局限于当前的挫折;要告诉孩子,面对挫折,如果不去解决,挫折就会永远摆在面前,与其逃避,不如面对。

父母思考:挫折教育能起到什么样的作用?

挫折教育有助于孩子形成正确的挫折观,让孩子意识到挫折和困难是每个人都会遇到的,是不可避免的;能激发孩子的潜能和探究欲望,让孩子进行研究性学习;能帮助孩子形成对自己能力的正确认识,从而取得更大的进步;能帮孩子更好地适应现代社会。

细节 26 下一次我要科科第一名

——慢慢来，急于求成不可取

> 儿子：这次才考了第三名，太差劲了。
>
> 爸爸：没事，你已经很优秀了。
>
> 儿子：下一次，我要科科都考第一名。
>
> 爸爸：慢慢来，这需要不断的努力。

有时候，孩子会突然浑身充满了干劲，变得特别珍惜学习时间，想在短时间内达成高目标。然而，我们知道急于求成是不可取的，学习是需要持续力的，绝不是短时间的刻苦就能够有所成就的。这个时候，父母要及时采取措施进行干预。

1. 罗马不是一天建成的

如今很多孩子试图用最短的时间得到最大的效益。一定能考全班第一，突然对学习表现出异常兴奋和期待，同时做多个科目的功课，等等，这些都是孩子心急的表现。可在学习方面，心急、想要速成是行不通的。只有在学习上下足了功夫，结果才不会太差。

2. 不着急，慢慢来

很多父母只将孩子贪玩视作学习态度差的表现。其实不然，孩子突然对学习充满了信心，表现得异常努力，希望在短期内就能拿到高分，实现心中所想，也是不可取的学习态度。因为孩子忽略了自己的能力，贪功冒进，很可能导致失败，从而使自信心受挫。

培养孩子持久学习力的小妙招

学习需要长时间的坚持，孩子对学习充满干劲儿是件好事，但别让孩子一开始就设定过高的目标，给自己施加太多的压力，因为持续紧张的学习难以持久，孩子需要保持一个轻松愉悦的心态。父母要帮助孩子制订长期的学习计划，分解孩子的远大目标，让孩子一步一步地达成目标，这样学习才会更有动力；父母帮助孩子减压，可选择户外休闲、外出旅游的方式；父母要告诉孩子，学习成绩虽然重要，但更要注意身体，有个良好的体魄才能实现梦想。

父母思考：心太急对孩子有怎样的影响？

其实，孩子长期处于自己所施加的高压之中，对身体和精神都是不小的折磨，长期下去肯定难以支撑。在学习中，孩子也会过于担心结果而紧张，一旦没有达成目标，就会否定自己做出的努力。所以，这时父母就要果断制止孩子的心急行为，在鼓励孩子努力学习的基础上，帮孩子合理地安排学习计划，按部就班地开展学习。

细节 27 不向他人学习

——学会赞美别人，认识到他人身上的优点

> 爸爸：你要向邻居家的×××学习，他认真又刻苦，所以成绩才这么好。
> 女儿：我为什么要向他学习啊！
> 爸爸：我教你，你还不愿意听，这就是你不如他人的地方。
> 女儿：我就不听，我偏不向他学习！

在生活中，当我们发现他人身上的长处和优点时，即时表扬和赞美，会使他们获得极大的鼓舞。毋庸置疑，每个人都爱听赞美的话，渴望得到他人的肯定和支持，这一点在孩子身上表现得更加明显。可当孩子看到别的小朋友把一件事做好、受到表扬的时候，却很不乐意去赞美，甚至会不屑一顾。

赞美别人是人际交往中的一项小技巧

然而，学会赞美别人，是人际交往中必不可少的一种技巧。赞美别人既能满足别人的荣誉感，给对方的心灵送去慰藉，是人际交往中的黏合剂，还能为自己树立一个学习的榜样，取人之长，补己之短，通过别人的成功来刺激自己去努力，激发自己潜在的主观能动性，使我们表现得更加优秀。

 让孩子向优秀的人学习的小妙招

家长要告诉孩子：应该多和优秀的人相处，发现并认可优秀的人身上的闪光点；要有虚心向学的态度，不傲慢，学而不厌，诲人不倦；要能发现自己的问题，勇于面对自己的问题；要把优秀的人视为目标，有同优秀的人竞争的意识，敢于超越对方，等等。

 父母思考：如何让孩子学会赞美别人？

家长要改变孩子的观念，让孩子认识到尺有所短、寸有所长的道理；家长要多赞美孩子，多表扬周边的人和事，通过行动来给孩子做榜样；教会孩子用正确的语言、语气、眼神、动作来赞美别人，注意赞美的方式，等等。

细节 28 怕输

——竞赛是高效学习的好帮手

> 儿子：这次期末考试我不想参加了。
>
> 爸爸：你为什么不想参加了？
>
> 儿子：我这学期学得不好，肯定会考得特别差。
>
> 爸爸：你都没考，怎么就知道结果呢？

在现代社会，竞争无处不在。对孩子来说，如果没有扎实的基础知识和灵活的解题方法，就很难在考试中名列前茅；没有过硬的解题技能和丰富的解题经验，就很难在考试中脱颖而出，很多事情都要求孩子具备较强的竞争意识和竞争素质。

1. 竞争推动成长和进步

对孩子来说，正是因为竞争，才需要珍惜时间，分秒必争；正是因为竞争，才需要提高学习效率，追求卓越；也正是因为竞争，才需要不断学习，精益求精。

2. 比赛是检验自己的一种手段

家长在引导孩子参加各种比赛时，不要刻意强调成绩和名次，不给孩子灌输"拿第一"的观念，否则容易给孩子太多的心理压力，使其形成"输不起"的心理障碍。家长只需要告诉孩子，比赛是用来检测其某阶段的学习效果的，是用来强化训练的一种手段。但这并不意味着允许孩子敷衍应对竞赛。

 培养孩子竞争意识的小妙招

家长要理解孩子拒绝参赛的情绪；不鼓励孩子盲目参加竞赛，可以有选择性地参加；不给孩子安排过多的比赛，因为每个比赛都需要花费时间和精力去准备；对孩子的期望不宜太高，以免增加孩子参赛的压力；给孩子树立正确的输赢观。

 父母思考：如何提高孩子的竞争优势？

孩子要保持学习的习惯，通过学习掌握更多的专业知识和技能；了解自己，知道自己的特长和优势是什么，将优势放大，将特长进行有效的发挥；多与优秀的人为伍，学习对方的优点；学会分析和总结，审视不足之处，勇于做出改变；保持良好的身体状况和精神状态，等等。

第三章

培养独立意识,从内部驱动孩子自主学习

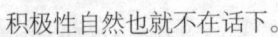

当孩子有了独立自主的意识,能够独自处理学习和生活中的事情,不再需要父母全天候的陪伴和事无巨细的照管,这时孩子已经具备了很强的内部驱动力,有目标,有冲劲,有承担的能力和责任心,成为掌控自己人生的主人,学习的积极性自然也就不在话下。

细节 29 让妈妈来看看

——要舍得放手，放手越早，独立越好

女儿：这道题太难了，我不会做。

妈妈：让妈妈来看看。

女儿：妈妈，您看您会做吗？

妈妈：妈妈会，妈妈帮你写。

如今，很多父母溺爱孩子，也为了省事，常常代替孩子解决一切问题，包办孩子的一切事务，这很容易使孩子养成爱偷懒的习惯，难以培养其独立自主的意识，长此以往，父母的控制欲增强了，孩子却变得越来越弱了，最终变成"巨婴"。

1. 父母无法照顾孩子一辈子

有些父母出于担心的考虑，便不管不顾孩子的意愿，就主动替孩子包揽生活起居和学习，事必躬亲，凡事都为孩子做好安排，期望节省孩子的时间和精力。父母的包办虽然能短暂地替孩子扫除一切障碍，排除一切困难，但是孩子在将来的人生路途中一定会遇到各种困难，难道父母也都能一一帮他解决吗？

2. 每个人都有自己的人生路要走

就现代教育而言,孩子进入大学和孩子成年、成为完全民事行为能力的人大致处于同一时间段,这个时候孩子已经到了必须为自己的行为负责的阶段,而离开父母也是必然的。脱离父母的包办,独立面对生活是每个孩子成长中的必经之路,父母越早学会放手,孩子越能更早地了解社会规则,适应外界的环境。

 父母学会对孩子放手的小妙招

父母要收起操心、担忧的一面,给孩子尝试的机会,让孩子有主动做事的权利;尊重孩子的兴趣,相信孩子的选择;鼓励孩子去思考,多动脑想一想;仔细观察孩子的做法,留心细节;当发现问题时,父母可以适当地提醒孩子,不盲目干预他;孩子出错时不要急躁,要及时鼓励他,耐心沟通,总结经验,和孩子一起寻找正确的做法。

 父母思考:为孩子包办一切都有哪些危害?

父母包办一切会扼杀孩子的自主性,让孩子的创造力难以得到发挥,阻碍其个人能力的提升;环境过于稳定、安全,孩子的个人意志得不到锻炼,容易形成脆弱、胆小怕事的心理;孩子没有通过个人努力去赢得成功的实践,没有成就感,自信心难以得到培养;容易形成较强的依赖性,变成"啃老族",缺乏责任感。

细节 30 我会吗?
——相信自己,大胆尝试

儿子:今天数学课上新学的知识太难了。

爸爸:学习中遇到困难是很常见的,数学题肯定有易有难。

儿子:我觉得我学不好。

爸爸:别担心,要相信自己。

自信是孩子成长的基石,孩子如果缺乏自信,不能客观地审视自我,即使有出色的一面,也不敢表现出来。久而久之,孩子就会过度地放大自己的自卑和恐慌,不敢尝试新事物,丧失成就感,负面情绪不断地积压,当再次面对挑战时,孩子会再次胆怯选择逃避,最终形成否定自我的循环模式。

1. 相信孩子,给予足够的信任

在家长看来,预防孩子养出坏毛病的最好方法就是严厉对待孩子的问题。所以很多父母对孩子教育严格,教训或斥责得多,赞美和欣赏得少。殊不知,孩子刚开始学习时的积极性是最高的,表现欲最强,在这时候开展批评教育容易挫伤孩子的学习热情，难以培养孩子的自信心。

2. 勇敢地迈出第一步，是培养自信的关键

孩子在对困难不是十分了解的情况下，很容易形成错误的心理暗示，高估事情的困难程度，不相信自己的能力，不敢尝试，进而退却，轻易放弃。而在孩子勇敢地迈出第一步后，就会发现事情并没有想象中的那么难。事先不去设想结果，放下任何否定的念头，勇敢地尝试，就已经成功了一半。

 提高孩子自信心的小妙招

孩子成绩较差时，不随意打击孩子，要尽可能找到孩子进步或闪光的地方，如字写得不错，选择题有很大的进步，等等；不断鼓励，给孩子继续前行的动力；千万不要当着外人的面数落孩子的缺点，应该维护好孩子的尊严；不追求完美；表扬可以具体点、明确点，不敷衍，表扬得越具体，孩子就越能从中体会到重视；带孩子多出去走走，让其多读书，以开阔孩子的眼界。

 父母思考：孩子不自信的表现有哪些？

孩子不自信的表现主要有：怕生，不喜欢在陌生的环境中展现自己，容易怯场；爱低头，爱沉默，不喜欢和陌生人交流；怕输，拒绝参加竞赛，甚至是游戏；习惯性质疑自己，容易恐惧和排斥；情绪容易低落，很容易陷入抑郁的情绪中；爱攀比，爱面子，过于注意形象，在意别人对自己的评价；随大溜儿，没有自己的意见和看法，等等。

细节 31 遇到问题多思考

——不要立刻辅导,让孩子有充足的思考时间

女儿:这道题太难了,我不会做。

妈妈:你翻翻书,看看是不是有些知识点你没想到。

女儿:我试一下。

妈妈:好,你多想想。

当孩子遇到难题时,直接向父母求助,这是孩子的本能。当出现这种情况时,父母若是立刻辅导,代替孩子解决问题,那么孩子以后遇到问题,就不会开动脑筋想办法,而是习惯性地将问题推给父母,这会加深孩子对父母的依赖心理,严重影响孩子的独立发展。

1. 对于不懂的问题,先思考再求助

思考是思维的一种探索活动,思考能力则是在思维过程中产生的一种具有积极性和创造性的能力。一个缺乏思考能力的孩子是没有解决问题的能力的。让孩子独立解决问题是培养和提升孩子思考能力的一个重要前提。只有当孩子开始思考,对信息进行整理和加工时,才能加深对知识的理解和吸收。

2. 勤思考，大脑才能发育好

人的大脑是在反复的思考中得到锻炼的。它如同四肢，越用越强，越用越灵活；如同工具，不经常磨砺就会迟钝、生锈。孩子在成长的过程中，让大脑充分地思考是非常重要的，而长时间不使用就会影响其发育。

创造家庭思考氛围的小妙招

父母要允许孩子有稀奇古怪的想法；给孩子一个独立的空间；接受孩子对这个世界的认识和改造世界的合理建议；多与孩子一起逛博物馆、动物园和科技馆，使孩子加深对科学世界的了解；创造家庭成员间遇事互相探讨、共同商量的氛围；让孩子在平等的气氛中长大，没有过多压力；使孩子保持心情愉悦、精神放松，等等。

父母思考：当孩子遇到难题时，父母该怎么做？

当孩子遇到难题时，首先父母要安抚孩子，使孩子保持冷静，不要被消极的情绪左右，然后鼓励孩子独立思考，对问题有一个清晰的、全面的了解，知道问题产生的经过，关注细节，鼓励孩子多尝试新的思路和方法，发挥主观能动性。

细节 32　发现孩子抄作业

——杜绝欺骗，靠自己才能赢得一片天

爸爸：数学老师今天向我反馈，说你的作业答案和××的一样。

儿子：没有啊。

爸爸：什么情况？你还是实话实说吧。

儿子：是我抄他的，我昨天没来得及写作业。

在学生时代，孩子抄作业的现象并不少见，而大多数父母对此并没有加以重视。从性质而言，孩子抄作业属于作弊行为，是不诚实的行为，虽然这不意味着孩子是个坏孩子，但及时制止和纠正是非常有必要的，父母应当重视这种行为背后的心理逻辑：是孩子偷懒？是孩子糊弄老师？还是孩子作业量太大？

1. 塑造伟大人格的重要标准之一就是诚实

抄作业不是小事，因为孩子有可能今天为了应付父母和老师的检查而选择抄同学的作业，明天就有可能在考试中抄同桌的试题答案。古人云："小恶不惩，必为大患。"父母如果今天对孩子抄作业的行为不干预和不制止，就有可能会滋生孩子未来某一天的欺诈，乃至犯罪行为。诚信是立人之本，一个人若没有诚信，将寸步难行。

2. 自己的事情自己干，这才是独立

孩子考试抄袭是一种欺骗父母和老师的行为，是一种对自己不负责任的表现。从某种程度上来说，抄袭等同于偷窃，并没有经过自己大脑的思考而是盗取别人思想的果实。孩子总是这样不劳而获，是不可能学会独立的。

 父母教会孩子诚实的小妙招

父母要告诉孩子：不轻易许诺，但答应别人的事情必须做到；待人真诚，有一说一，不欺骗；言行一致，表里如一。父母不要轻易在孩子面前夸下海口，要做孩子的榜样；要多给孩子讲一些相关的历史故事或真实案例。

 父母思考：当发现孩子抄作业时，父母该怎么做？

父母询问孩子是否抄袭作业前，一定要掌握充足的证据，千万不要冤枉孩子；当父母发现孩子抄袭作业后，要调整好情绪，不要发火，要弄清楚原因；如果是作业太多，就要及时和老师沟通，寻找给孩子减压的方法；如果孩子自己不会，觉得作业太难，就要鼓励孩子向老师和同学请教。

细节 33　不为了写作业而写作业
——自我审核，寻找进步的空间

儿子：爸爸，我今天的作业做完了。

爸爸：这么快吗？

儿子：是的，作业难度不是很大。

爸爸：那需不需要自己检查一下呢？

长时间的校园学习生活很容易使孩子的行为和思维形成惯性，把作业当成每天必须完成的任务，即为了写作业而写作业，从而忽视了学习的乐趣，丧失了学习的能动性，也背弃了写作业的初衷。作业只是一个练习，检验的是孩子对所学知识的掌握程度。

1. 不同的孩子看待作业的角度是不同的

不同的孩子对作业有不同的态度：有的孩子抱着应付的心态，把写作业当作一项任务，完成即可；有的孩子把写作业当作对上课成果的一种考核，用来发现问题；有的孩子则把写作业当作一个重要的学习过程，集中精力，强化记忆。孩子对写作业的目的认识不同，收获也会不同。

2. 写作业是检验学习成果的好手段

其实，日常的作业是帮孩子挖掘学习中隐藏问题的最佳手段，而孩子往往没有想到这一点。通过作业，第一，能帮孩子检测是否熟练掌握了知识点，以便及时查漏补缺；第二，能发现所学知识的重点和难点；第三，能加强对知识点的巩固，深化理解；第四，培养自觉性。

父母参与到孩子作业中的小妙招

父母可以提问，启发孩子去思考。比如，出题人的意图是什么，为什么要选择这种解题方法，从而培养孩子逆向思维的能力；鼓励孩子思考如何在现实生活中运用这个知识点，这个知识点在学科中有哪些研究方面的突破和进展；让孩子多问问学习成绩优异的同学是如何完成作业的，向他们学习好的方法等。

父母思考：孩子应该如何对待写作业？

父母要告诉孩子，写作业时应该这么做：端正态度，集中注意力；加强思考与记忆，灵活运用分析、比较、归纳、概括和推理等方法，不断地加深知识之间的联系，把写作业的过程变成一个复习、巩固、深化和吸收所学知识的系统化、全面化的过程；培养发散思维，多角度思考问题；仔细检查，总结错误，等等。

细节 34 请孩子帮忙
——让孩子知道学有所用

爸爸：儿子，爸爸今天写了一篇稿子，你帮爸爸看看有什么问题。

儿子：我先看看。

爸爸：你仔细看看是否存在常识性问题。

儿子：我发现几处小错误。

有些孩子认为每天花费大量时间和精力学习的单词、定理和古诗等只能通过考试成绩体现出价值，既不能照亮人生，指引自己前行，也不能解决生活中的问题。当孩子陷入这样的认知误区中时，他们会认为这样的学习方式太过呆板，难以使抽象的知识具体化，其实用性和意义性不强，从而形成学习理论知识浪费时间和精力的错误看法。

1. 生活实践是检验知识的最好方式之一

父母要给孩子提供充分发挥所学知识的平台，让他们认识到所学的知识不是书上大段大段的概念，不是用来写作业的，家长可以通过实践证明知识的正确性，通过实践将知识转换成工具和技能。通过实践证明知识的价值,是可以解决生活中实际问题的智慧,进一步证明努力学习的必要性,这样,孩子就会自发地努力学习。

2. 动手实践是智慧的前哨

研究表明,勤于动手的孩子有丰富的想象力和创造力。当父母在家里做事情的时候,一定要主动地向孩子"寻求帮助",让孩子参与进来,发挥孩子的主观能动性。虽然事情不大,但这对孩子来说是至关重要的,孩子能从动手做事中得到锻炼,培养责任感与独立意识,这对促进孩子的自主学习尤为重要。

提高孩子动手能力的小妙招

父母可以给孩子买些需要动手完成的玩具,如积木、拼图和模型等;指导孩子做些动手的小游戏、手工课,如做纸帆船、捏橡皮泥等;把孩子日常生活中的一些个人事务交给他自己完成,如整理房间、洗衣服;多带孩子进行体育锻炼;等等。

父母思考:为什么提高孩子的动手能力如此关键?

孩子动手实践是表现自己的创造力,展现自己的思维和想象力的一种方式。提高孩子的动手能力,可使孩子养成敢想敢做的品质和顽强的意志;孩子从小勤于动手,展示自己的聪明才智,有利于树立自信心,培养出独立、健全的人格。

细节 35 打破砂锅问到底
——鼓励孩子去观察，去探索，去钻研

爸爸：儿子，你在那里看什么呢？

儿子：爸爸，我发现叶子上有一只蝴蝶正在破茧。好神奇啊！

爸爸：你知道为什么蝴蝶是从茧里钻出来的吗？

儿子：我不知道，我也正在思考这个问题。

孩子在小的时候，总会问各种各样的问题，如为什么天空是蓝的，为什么会下雨，等等。其实，这是因为孩子在观察世界，对自然现象进行思考，产生了想要去了解的好奇心。这是孩子一种认知上的困惑，也是孩子主动学习和自发探索的关键。

1. 好奇是求知欲，更是心理发展的需求

孩子提出稀奇古怪的问题，或进行刨根问底式的提问，是他们在发现问题、突破知识困境，在用渴望的眼神和探求知识的心来观察与思考生活中的一切的表现，孩子都有探索未知世界的心理诉求。好奇，并不仅仅是渴求知识的表现，更是心理发展的需求。

2. 好奇改变世界

如果牛顿没有好奇苹果为何能自然落地,瓦特没有疑惑水蒸气为何能把水壶盖顶开,莱特兄弟没有研究鸟儿为何能轻轻松松地飞起和落地,那么就不会有牛顿发现万有引力定律、瓦特改良蒸汽机、莱特兄弟发明飞机。每一次好奇心的满足都有可能促生出人类文化知识革新和更迭的萌芽,每一次探索与钻研都有可能实现历史进程中质的飞跃。

父母解答孩子疑惑的小妙招

对于孩子的疑问,父母不要打断或否定,也不要漠视,而要对孩子的提问进行鼓励,不要轻易给出答案,不要着急给孩子灌输理论知识,不要以成人的思维约束孩子,要给孩子提供探索问题的思路,引导孩子通过调查、观察、实验等方式去寻找答案。如果父母不知道某个问题的答案,可以和孩子一起去寻找。

父母思考:好奇心都有哪些作用?

第一,它是兴趣,能促使孩子主动学习,并且能使孩子从学习中获得快乐,提升幸福感;第二,它能吸引孩子观察,透过事物的现象抓住本质,获得有价值的知识,能延长知识记忆在大脑中留存的时间,促进大脑的发育;第三,它能降低判断的误差,提高孩子面对困难、战胜困难的信心。

细节 36 孩子也有自己的秘密世界
——尊重孩子的隐私，尊重是独立的前提

爸爸：女儿，你刚刚在干吗呢？

女儿：我在写日记。

爸爸：都写什么了？

女儿：不能告诉您，那是我的小秘密。

大量的研究结果表明，孩子在很小的时候就开始有秘密。孩子有秘密标志着孩子具备了独立思考、分析判断的能力，是认知水平发展到一定阶段的产物，暗示孩子有比较丰富的内心活动，具有特殊的意义。

1. 有秘密不是坏事

有些父母发现孩子在家里说话越来越少，有事不告诉大人，开始有写日记的习惯时，他们会觉得和孩子之间存在隔阂，继而担心孩子在是非对错或选择方面和父母有比较大的分歧，有想要窥视、打探的欲望和冲动。其实，父母要允许孩子有隐私，毕竟每个人的成长过程中都有自己的小秘密。

2. 尊重孩子的隐私

如果父母不信任孩子，监视孩子的一举一动，打着爱和关怀的旗号侵犯孩子的隐私权，则会给孩子带来巨大的精神压力，从而破坏孩子的安全感和对父母的信任感，阻碍孩子和父母沟通，加剧孩子叛逆情绪的滋长。因此，守护好孩子的心理边界，尊重孩子的隐私，是所有父母都必须学会的教育方式。

父母正确对待孩子秘密的小妙招

父母要做到：不以打探孩子的秘密为目的和孩子沟通，多引导孩子表达；尊重孩子的秘密和隐私，给孩子足够的独立空间；以平等的姿态和孩子相处，不强迫孩子；询问孩子对父母的看法，若发现自己行为不当则要及时改正；适当表达对孩子隐私的担忧，表达出自己的真实想法，等等。

父母思考：孩子的秘密都有哪些影响？

父母要认识到孩子的秘密有两面性。从消极方面来讲，秘密会妨碍孩子与父母之间的交流，导致亲子关系淡化。从积极方面来讲，秘密有助于孩子从亲密的血缘关系中独立出来，发展自我认同。秘密的产生能促进孩子观点选择能力的形成和自我意识的萌发。另外，选择分享还是保守秘密这个思考过程要求具有自我控制力和逻辑分析能力，这个过程有助于培养孩子的决策能力，并且对培养孩子的团体意识、社会关系有很好的帮助作用。

细节 37　不一样的思维方式
——欣赏奇思妙想，鼓励逆向思考

爸爸：儿子，为什么司马光会选择把缸砸破呢？

儿子：因为他着急救人。

爸爸：为什么他没像别的小朋友那样，选择把水舀出来呢？

儿子：那种做法太慢了，那样做可能还没舀完水，小孩儿就被淹死了。

司马光砸缸就是逆向思维的一次大胆实践。在课堂上，孩子接受老师教授的知识，不经意间也会受老师的经验和习惯的影响，容易陷入常规思维的陷阱，被惯性思维束缚，形成牢固的思维定式，难以接受新的事物、新的思想，不敢大胆地思考，最终形成一种呆板、机械的处理问题的模式。

1. 让大脑发散起来

真正聪明的孩子都有一个共同的特质，就是敢于提出不同的意见和看法。善于积极思考，敢用另一种思路，尝试不同的方法解决问题，这无疑是所有父母都希望在自己孩子身上看到的。现代教育的成果之一应该是孩子都具有较强的发散性思维能力。思路活跃，主动、积极地破除思维壁垒。

2. 动脑是学习的第一要务

现代教育鼓励孩子勤动脑，用智慧的头脑解决问题。因为，孩子掌握新知识的检验标准就是是否做到完全理解，而动脑思考则是新知识能被深刻记忆和充分吸收的前提和保证，只有勤动脑、多动脑才能活跃思维，开发智力。

锻炼孩子思维的小妙招

父母要鼓励孩子观察、模仿，注重培养孩子的想象力；要让孩子充分掌握好基础知识，以丰富的知识和经验为基础；用优秀的文艺作品丰富孩子的情感；鼓励沟通，培养孩子的口头表达能力；多带孩子到不同的地方去体验当地的风土人情和文化之间的差异，拓宽孩子的视野。

父母思考：有哪些新的思维模式？

新的思维模式主要有以下几种：

创新型：多运用灵感，巧思妙想；

反向型：反其道而行之，从结果往前推导；

转换型：发散思维，积极开辟新的道路；

转化型："化粪土为黄金"，利用和转化事物的缺点；

性质型：选择事物的某个特殊属性；

超前型：利用逻辑推理进行大胆的预测和假想；

空间型：以物体内部结构构建思维模型等。

抽象型：以抽象概念为形式；

提问型：延展性地提出问题，拓展思维等。

细节 38 养的小动物生病了
——让孩子学习照料小动物

> 爸爸：儿子,爸爸送你一只小狗。
>
> 儿子：爸爸,这只小狗太可爱了。
>
> 爸爸：以后你就要学会照顾它,就像爸爸妈妈照顾你一样。
>
> 儿子：好的。

在很多独生子女的家庭里,父母会选择给孩子养小动物,原因有两种:一方面想让小动物陪伴孩子,分担孩子的孤独感,丰富孩子的课余生活;另一方面也能给孩子提供表达爱和关怀的机会,强化孩子的情感交流,培养孩子的爱心和耐心。

1. 动物不是玩具

教会孩子如何和动物相处,是每个父母都应该懂得的教育之道。父母在养小动物的过程中,不应该把它当作逗趣、解闷、缓解工作压力的玩具,带孩子去动物园和自然博物馆也不仅是为了放松心情,还是为了让孩子懂得照顾和关爱动物,加深对动物世界的了解。

2. 照顾好小动物,培养责任感,继而提高自主性

动物是孩子的好伙伴。当孩子开始养小动物的时候,会把自己看作是一位有能力去照顾小动物的大人,会承担喂养的工作,打点小动物的生活,关心小动物的情绪和健康,并能从中体会到父母教育自己的辛劳,继而生发出更强的使命感和责任感,也更容易培养出独立自主的意识和能力。

通过养小动物培养孩子责任心的小妙招

把小动物交给孩子照顾,锻炼孩子独立做事的能力;实行终生认养制,让孩子对小动物终生负责,即照顾小动物有始有终,不随意丢弃。

父母思考:让孩子养小动物都有哪些好处?

让孩子养小动物,可以提高孩子的社交能力;有效缓解生活中的孤独感,改善心理健康;还能给家庭带来欢乐。

第四章

培养自控力,才能掌控人生

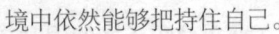

柏拉图说:"节制是一种秩序,一种对快乐与欲望的控制。"一个没有自控力的人会被欲望诱惑,只能眼睁睁地看着自己被吞没在命运的泥潭里。而能够控制住自己的人,会明辨是非,分析利弊,能够拒绝诱惑,大声地说"不",即便在混乱的环境中依然能够把持住自己。

细节 39　为什么必须这么做?
——明确界定,按规矩来

爸爸:不可以随地丢垃圾。

儿子:爸爸,为什么不可以随地丢垃圾啊?

爸爸:因为随地丢垃圾不仅会加重环卫工人的工作负担,还会污染环境。

儿子:但我看很多人都这么做也没有受到处罚啊。

没有规矩,不成方圆。家长给予孩子个性化的发展模式,并不意味着对孩子放任自流,在尊重孩子天性的同时,还要告知孩子规矩和法则的重要性,要让孩子知道什么事是不能做的,什么东西是不能碰的,违反法律将要受到怎样的处罚,无视道德规则将会有什么样的后果。

1. 明辨是非是学会自制的前提

教育最基本的目标是让孩子懂得规矩的标准,界定出什么是能做的,什么是不能做的。当一个孩子具备了这样的观念时,就能够明辨是非,通过长久的训练,养成好习惯,孩子基本上就具备了很强的自控力。如果孩子分不清对错，那么怎么谈自制力的养成呢？

2. 父母坚持规则是孩子养成习惯的前提

孩子习惯的养成依托于父母的言传身教。父母向孩子明确具体的规定，共同商定可操作的规矩，让孩子在思想上理解规矩，在行动上严格执行，不随意违反，孩子就会慢慢地养成习惯，达到一种高度自控的状态。孩子的成长需要大人引领，榜样的力量不可或缺，如果父母坚持规则，孩子也会努力遵循规则。

 让孩子想做的和父母让做的达成一致的小妙招

赋予孩子选择的权利，允许孩子自由表达意见，深挖意见背后的真实目的和兴趣；父母表达完整的观点和看法，不说教，不强势；不立刻给孩子施压，和孩子相互了解和沟通后，给彼此时间进行深入的思考；用讨论和谈判的手段冷静、客观的分析问题；有耐心地引导孩子。

 父母思考：为什么孩子想做的和父母让做的总是离得很远？

孩子对父母有情绪，喜欢和父母对着干；孩子在成长的过程中，发现父母观念落伍、教导方式方法行不通；孩子发现了真正感兴趣的爱好，自我意识增强；孩子的思考不断强化、深入，变得多维化、全面化，等等。

细节 40 能不能不这么做?
——坚定立场，坚守规则

儿子：我看很多人都随地丢垃圾，也没有受到处罚啊。

爸爸：其实他已经受到处罚了。

儿子：什么时候处罚他了？

爸爸：他随地丢垃圾的时候，周围的人都在无声地谴责他的行为，这就是处罚。

生活处处需要规则。没有规则和纪律，就没有秩序和稳定。如果马路上没有了红绿灯，如果学生在课堂上随意说话和吃零食，那么，这个世界将会变成什么样？规则不是限制，不是为了影响人的自由而产生的，而是为了保证我们在良好的环境中快乐地学习、安稳地生活、健康地成长、有序地工作。

1. 能约束自己的人，最有希望成功

要想让孩子管住自己，守住规矩是必须迈出的一步。而孩子学不会遵守规矩，没有养成守规矩的习惯，大多数情况是因为没有意识到破坏规矩的危害性，更没有受过破坏规矩后的惩罚。只有在受过惩罚后,孩子才能从自己的错误中得到深刻的教训,铭记于心,日后遇到同样的情况才能保持警惕,清醒应对。

2. 破坏规则的人都是麻烦制造者

规则是指规定出来供大家共同遵守的制度或章程,它并不是只对一个人具有约束力,它是需要所有人共同遵守的。破坏了规则的人,也就侵犯了别人的自由权益,给他人带去了麻烦,影响到他人的生活或工作。这种做法也从侧面反映出破坏规则的人是自私的人。

培养孩子规则意识的小妙招

家长要多和孩子沟通,提高孩子的口头表达能力和信息理解能力;给孩子做选择的权利,提供一个适度的选择范围;家长要和孩子保持平等的地位,不要因为自己是家长就觉得自己是对的;要及时鼓励和表扬孩子;惩罚孩子的方式和程度视情况而定;培养孩子的技能,教会孩子做事的方法,以提高做事的能力和效率。

父母思考:孩子没有规则意识的具体表现有哪些?

孩子没有规则意识的表现有:赖床、熬夜,作息时间不规律;一边看电视一边吃饭;挑食严重;东西用完随处乱放,垃圾乱扔;不整理房间,不叠床铺;不遵守课堂纪律和校园秩序;不遵守交通法规,在公交车上、地铁里抢座位等。

细节 41 不给买玩具我就闹
——别让孩子尝到威胁的甜头

儿子：不给买，我就不走了。

爸爸：耍无赖是没有用的。

儿子：（哇哇大哭）

爸爸：哭也没用。你要是喜欢哭，那就等你哭够了我们再走。

在超市或商场里，经常能看到孩子在玩具展示架前赖着不走，吵闹着向家长索要玩具的现象。对于这种现象背后的儿童心理，家长应该重视。孩子威胁父母是一种极端做法，对于自己想要的东西，孩子不是通过正常的沟通和交流，而是选择威胁父母的方式，这是孩子自控力不强、难以抵制诱惑、必须即时满足需求的心理体现。

1. 孩子威胁父母，是因为了解父母的心理

随着年龄的增长，孩子对父母的了解程度也会加深，会渐渐意识到可以利用父母的弱点来达到自己的目的，甚至养成了威胁父母的习惯，出现这种行为本质上是因为孩子感受到父母对自己的溺爱和容

忍,掌握了父母在公众场合好面子的心理。

2. 父母对孩子的溺爱使得孩子丧失自制能力

孩子利用父母的心理弱点,通过威胁家长的手段满足自己的需求。在尝到甜头后,孩子会把这种行为变成向父母提出要求的常规做法。久而久之,孩子就养成了不良的行为习惯,欲望和要求也会越来越膨胀,变得不辨是非,自控力非但没能提高,还在父母的纵容下越来越差。

 父母应对孩子威胁行为的小妙招

保持冷静的情绪,不焦躁;好好安慰孩子,转移孩子的注意力;不溺爱,把握好分寸,理智面对孩子的各种请求;不心软,不心疼孩子的哭闹等耍赖行为;不妥协,不让孩子认为胁迫是可行且有用的;立规矩,约法三章;耐心沟通,将问题沟通清楚;适当的惩罚必不可少。

 父母思考:为什么孩子不冷静地同家长沟通,而是直接采取威胁的行为?

孩子掌握了父母的心理,意识到父母会心软;想试试看耍赖的法子管不管用;孩子和父母之间没有形成"有话好好说"的沟通习惯;在日常生活中,家长过度纵容孩子的娱乐需求;父母好面子,在公众场合拉不下来脸;胁迫父母的做法屡试不爽,等等。

细节 42 孩子不打不成器?
——暴力教子不可取

爸爸：你怎么还不去写作业？

儿子：等我把这集动画片看完。

爸爸：我看你就是想挨揍，再不去写我就揍你了。

儿子：我马上去写。

在生活中，家长一时气急了指责、抱怨、谩骂孩子的情形并不少见，更有甚者会使用暴力。暴力是一种本能地发泄情绪的手段，对于有着亲密关系的孩子而言，暴力只能将家长愤怒的情绪表现出来，恶化亲子之间的关系，并不能使孩子意识到问题的严重性，更传递不出家长行为背后的"殷殷期望"。

1. 暴力不可取

古话说："人不打，不成器。"很多家长将这句古训奉为圭臬，误以为这种方式能让孩子认识到错误，能强化孩子对正确观念的理解和记忆。殊不知，这种方式看似能起到即时的效果，但长久下去，会使父母的情绪失控行为愈演愈烈，以致父母冲动易怒，对孩子动辄打骂，这样就会诱发孩子的对抗情绪，使家庭冲突频发，家庭氛围压抑、凝重。

2. 语言暴力造成的伤害不可忽视

语言暴力，就是使用谩骂、诋毁、蔑视、嘲笑等侮辱歧视性的语言，致使他人的精神和心理遭到侵犯和损害，属精神伤害的范畴。父母对孩子的语言暴力可以简单地理解为"不好好说话"，它不同于行动上的暴力，不会在身体上留下伤痕，但会给孩子的精神与心理留下难以磨灭的阴影。

父母调节不良情绪、避免施暴的小妙招

先平息心中的怒火，听一听孩子的话；多表达对孩子的关心和爱；站在孩子的角度思考问题；给出意见，简单直接地说清楚心中的看法；孩子犯了错误要适时地惩罚；家长误会了孩子也要主动认错，求得孩子原谅，等等。

父母思考：为什么父母会和孩子暴力沟通？

父母缺乏耐心，希望通过简单、直接的方式处理孩子的问题；父母缺乏同理心，并不能设身处地地思考孩子的问题；父母心浮气躁，情绪控制能力和调节能力差；父母精神压力大；父母的教育观念存在问题，等等。

细节 43　十分讨厌学习
——学习是为以后的人生做准备

爸爸：你怎么搞的，错了这么多题？

儿子：我一直都很讨厌数学，我不喜欢做数学题。

爸爸：不能因为不喜欢就不认真对待。

儿子：可我就是不喜欢啊。

小的时候，大家都在学英语时，你觉得太难不愿意学，长大了，开始找工作的时候，你面前出现了一份理想的但要求英语好的工作，于是只能遗憾地错过宝贵的机会。人生中很多机会的错失，往往都是因为最开始的那一句"我不想学"。

1. 逃避困难只会让困难重重

孩子在课堂学习的过程中，很容易因为个人的喜好和学科难易程度等而对某个学科产生畏难情绪，找各种理由和借口逃避学习和作业，但逃避困难只会让困难像滚雪球一样越滚越大，最终结果就是学习起来困难重重。

2. 父母要找出孩子害怕困难的原因，对症下药

无论面对什么样的困难，克服困难的动机比技能更重要。为什么孩子会害怕学某个学科？是因为太难了，能力跟不上？还是因为缺乏自信，害怕失败？抑或是不愿意付出努力和行动，偷懒？父母要了解清楚问题的症结所在，对症下药，帮孩子解决难题。

 帮孩子克服学习困难的小妙招

家长要做好孩子情感疏通的工作，帮助孩子排解不良情绪；了解孩子的心理情况，知道孩子不喜欢某门学科的原因；不放任孩子，不让孩子养成"不喜欢什么就可以不做什么"的坏毛病；多给孩子一些鼓励，让孩子知道学习上的困难都是能克服的，以及体会克服困难后带来的成就感，等等。

 父母思考：如何帮孩子克服害怕呢？

提高孩子对事物的认知能力，拓宽认知视野；让孩子对可能发生的各种变故做好充分的思想准备，增强心理承受能力；寻找孩子害怕的源头，化解其恐惧心理；用优秀人物勇敢顽强的事迹激励孩子，培养孩子乐观的人生态度和坚强的意志；在平时生活中，有意识地打造艰苦的环境来磨炼孩子；平时鼓励孩子积极参加心理训练，提高心理素质。

细节 44　学习的时候总想玩，玩的时候担心学习
——不如停一停，休息一下

> 爸爸：你怎么作业都没写完，就去玩了呢？
> 儿子：我没心思写作业，我就想玩。
> 爸爸：你先去把作业做完，做完后再玩。
> 儿子：好吧。

孩子在学习的时候很难集中注意力，心心念念地惦记着玩，这也是自控力差的表现之一。孩子学习的时候不专心，总想着玩，然而，在玩的时候因为作业没有完成，又会忧心忡忡，很难尽兴。无论哪个过程，孩子都没做到沉浸式的投入和专注，结果就是，学习效率低下，作业没能按时完成，也没有从玩乐中彻底放松自己。

1. 紧绷的弦容易断

家长一定要合理安排孩子的学习时间，因为孩子注意力集中的时间有限。当孩子学习时间过长时，就会一边学习一边惦念着玩耍，做不到全身心地投入到学习中，这时父母就不要强迫孩子继续学习，可以让孩子停一停，给孩子一个放松和调整的时间，等孩子彻底放松后

再投入到学习中来。

2. 贪玩不学习，学习不贪玩

家长应让孩子做到学习和玩耍两不误。玩的时候痛快地玩，学的时候认真地学。无论学业任务有多繁重，家长一定要合理安排孩子的玩耍时间，只有玩得尽兴，孩子才能不带任何负面情绪地学习；只有玩得尽兴，孩子才能更专注地学习，学习效率才会更高。

延长孩子学习时间的小妙招

当孩子专心学习的时间很短暂的时候，家长要放平心态，慢慢来，先安排孩子专心学十分钟，然后再休息一下，慢慢地再把学习时间逐渐延长，给孩子逐渐适应的过程。

父母思考：如何让孩子专心学习？

孩子在学习时，家长要排除外在的干扰，给孩子提供一个安静的学习环境，避免其分心；给孩子定好学习任务与完成时间，不能让孩子毫无时间观念地学习；要通过一些注意力训练，帮助孩子集中注意力，如听力练习等；给孩子布置多项任务，让孩子一次做完一件事情。

细节 45 还没放假心就飘走了

——再等等，玩的时间还没到

儿子：爸爸，今年暑假我们去黄山玩吧。

爸爸：还没考完试，你心就飘走了？

儿子：我听老师说，那里的景色很美。

爸爸：先不要想别的，好好考试，考完试你再好好玩。

很多孩子在星期三的时候就开始惦记着周末，想着要怎么玩；还没放假就开始规划起假期，做好旅行计划。要想让孩子具有在正确的时间做正确的事的意识是件不容易的事，因为孩子很难抵挡玩耍的诱惑。

1. 唯有学得好，才能玩得爽

当孩子无心学习、惦念着假期时，父母应该及时地采取手段来帮助孩子转换思维，把对假期玩乐的憧憬和期待转变成期末备考的动力，给孩子树立"唯有学得好，才能玩得爽"的意识。

2. 假期就是放松的时候

在经历了一个漫长时间段的紧张学习后，孩子的身体和心灵都期待一个彻底的放松，这是很正常的心理，毕竟假期是孩子求学阶段里难得的能自己支配的自由时间。在这时，家长不应该不经过沟通就给孩子安排繁重的补习课程，过度干预孩子的假期规划，应该给孩子多一点时间自由支配，尽可能地让孩子好好地玩，这不仅有利于孩子调节身体，对其学习也更有帮助。

帮孩子合理安排假期的小妙招

发掘孩子的个性，利用假期拓展孩子的兴趣特长；让孩子做好整个学期的收尾工作，落下的功课一定要补上；多给孩子安排户外活动，多去自然环境中体验；制订合理的运动计划，让孩子的身体多动一动；让孩子分担一些家务活等。

父母思考：如何制订孩子的假期计划表？

孩子的假期计划表应该有三种：一天作息时间表、一周学习生活安排表和整个假期计划表。制订整个假期计划表应当把所有的事情都囊括进来；一周学习生活安排表应当包括一个星期里所安排的主要学习活动和活动内容；而一天作息时间表要给一天的时间做好规划，有具体的时间安排和顺序。

细节 46　沉迷网络世界，不能自拔
——现实世界更美好

爸爸：你作业不写，就一门心思扑在游戏上？

儿子：先让我打完游戏吧。

爸爸：你先去把作业做完，做完了再去打游戏。

儿子：我不想写作业，我也不喜欢学习。

孩子一开始接触网络，面对这一全新的现代科技工具，很轻易从中获得快乐，而当孩子在现实中遭遇失败并选择逃避时，就会花更多的时间和精力在网络中。久而久之，孩子就会对网络形成依赖。当家长发现孩子成绩下滑，离不开游戏，甚至沉迷于网络世界时，这就说明孩子已经患上了网瘾症。

1. 网络世界容易成为孩子心灵的避风港

因学业失利被贴上"坏孩子"标签的委屈感、因家庭关系充满矛盾和争执导致心情压抑、校园里没有玩伴的孤单感、陌生环境下的恐慌，这些因素都会把孩子推到网络世界中去。网络游戏、网络聊天、网络视频都是造成孩子成瘾的因素。孩子在这个虚拟的世界中能够暂

时忘记不愉快的事,获得现实世界中无法获得的成功体验,使其心理得到满足。

2. 网络世界是网瘾少年的情绪发泄口

网瘾的产生和孩子的精神生活与情感生活的贫乏有很大关系。某些网瘾少年,实际上是在网络上寻求一种精神的发泄,在游戏中找到自信;在和网友的聊天中,他们可以把自己内心的烦恼倾诉出来,获得心灵上的慰藉。游戏中的通关、升级和奖品,显示出竞争性的内容,对孩子非常有诱惑力。

解决孩子依赖网络问题的小妙招

家长多给予孩子沟通和陪伴,改善亲子关系,多了解孩子的心理状况,寻找孩子喜欢上网的原因;鼓励孩子多参加各种活动,比如户外运动、看展览、看电影、上兴趣班等,从而有意识地提高孩子的意志力;鼓励孩子交朋友,扩大人际关系网;等等。

父母思考:如何让孩子学会正确地对待网络?

我们置身于一个互联网时代,家长一发现孩子上网便如临大敌是不正确的处理方式,不允许孩子上网也是不切实际的,家长要先树立一个正确的网络观念,然后再加强对孩子的引导。对于年龄小一些的孩子,家长可以和他们一起上网,让孩子意识到电脑的关键功能是工具,而不是玩具,网络是资源库,并不是游乐园。对于年龄大一些的孩子,家长要"正常化"对待网络,把它放在公共区域,也允许孩子通过电脑来调节情绪，释放压力，但要控制上网的时间，注意孩子上网浏览的内容，对孩子网络需求加强关注。

在家中时常展开网络安全教育，减少网络使用带来的负面影响，杜绝网络潜在危险。

细节 47 学习没有玩耍有趣
——学习和玩耍一样有趣

爸爸：你作业写完了吗？

儿子：等我玩完游戏吧。

爸爸：为什么你不先把作业写完呢？

儿子：作业不着急。

对于孩子而言，显而易见的是，和玩耍相比，学习是缺少乐趣的。学习是一个需要挑战难关，一个不停地超越自我的过程。在这个过程里，困难重重，学习越深入对孩子的要求也越来越高。但这并不意味着孩子不能取得好的学习成绩。

1. 当学习遇到瓶颈时，改变一下学习方法

进入高年级阶段后，孩子每天学习的知识比较抽象化，有些孩子一时难以转换思维，跟不上课程进度，以致注意力集中程度降低，这要求家长通过一些科学的方法和智力活动使孩子的学习内容变得有趣，把抽象的知识形象化，从而使孩子的注意力高度集中，意识敏锐，思维活跃。

2. 学习不能没有计划

孩子自由散漫，想做什么就做什么的习惯可能是因为缺乏学习计划的约束。如果家长能协助孩子制订合理的学习计划，那么孩子有了规划的意识，就会知道应该在规定的时间段内做计划内的事，自觉地按计划进行，慢慢地就会改掉散漫的习惯，提高自我控制的能力。

 强化孩子学习意识的小妙招

首先，要破除孩子的错误认知，告诉孩子学习并不像他所想的那么枯燥和无聊，学到的知识是非常有趣的；其次，要让孩子知道，要想学得好并不困难，只要多努力，多用功，就能够取得明显的进步；最后，要让孩子意识到学习好是一件很值得骄傲的事情，努力学习能带来成就感，增强孩子的目标意识。

 父母思考：对孩子而言，每个科目都有哪些好的学习方法？

语文：鼓励孩子多读一些感兴趣的课外书，积累语文基础知识；鼓励孩子写故事，写文章，大胆下笔。

数学：用数学知识来解决生活中的实际问题；多动手搭建模型。

英语：口语最关键，多鼓励孩子张口说；多读一些难度适中的英文小故事或感兴趣的读物等。

细节 48 别强迫我学习

——自己选择兴趣，兴趣引导梦想

爸爸：你今天练习小提琴了吗？

儿子：没有。

爸爸：为什么没练呢？老师不是让每天至少练习一个小时吗？

儿子：我不喜欢拉琴，我喜欢弹吉他。

这个世界上没有不是天才的孩子，只有没放对位置的孩子。处于学习阶段的孩子，家长要给予充分的自主性，尊重孩子的意见，把握好干预的尺度。家长要分清楚，对孩子的要求，究竟是站在孩子的角度思考，符合孩子自身的情况，还是站在大人的角度思考，为了满足大人爱面子的心理。

1. 为孩子的梦想提供良好的空间

当孩子告诉父母他们的兴趣时，家长要营造良好的环境，提供能让孩子发挥兴趣的空间。试想，当一个人沉浸在知识的海洋里埋头苦读、刻苦钻研时，怎么能学得不开心，考不出好成绩？怎么能学不到知识，获得不了成功？家长应该认真对待孩子的兴趣，为孩子提供良好的学习环境，协助孩子去实现理想。

2. 帮孩子树立目标

孩子不想学习的时候，一定是对未来充满迷茫、没有意义感和价值感的时候。孩子如果没有学习目标，就会一直陷入低效率的被动学习的模式里。一个有学习目标的孩子，对未来会有充分的思考，知道只有通过坚持不懈的学习才能实现目标。家长越早帮孩子树立目标，孩子就能越早向高效能的主动学习模式挺进。

 培养孩子兴趣的小妙招

丰富孩子的眼界，增加对世界的了解；拓宽孩子的知识面，增长见识；鼓励孩子大胆地尝试；不急于求成，帮助孩子测试兴趣程度；制订合理的学习计划，陪孩子一起坚持完成；通过竞赛激励孩子实现目标，培养成就感等。

 父母思考：培养孩子的兴趣为什么这么重要？

孩子的兴趣容易发展成未来工作中的核心竞争力；天赋往往同兴趣挂钩，容易激发人的潜能；兴趣往往伴随人的一生；兴趣能带来自豪感，增强自信心；兴趣对调整情绪和缓解压力有很大的作用，等等。

第五章

树立时间观念,有计划才有强大的动力

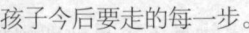

时间观念是人类观察感知自然时间或物理时间有序性的一种思维模式。时间观念包含守时和时间管理两个方面,是孩子最基本、最重要的素养之一,它体现在生活和学习中的各个方面,从小培养孩子的时间观念至关重要,它会影响孩子今后要走的每一步。

细节 49 时间是什么
——通过日常训练培养时间观念

爸爸：你今天是不是忘记睡午觉了？
儿子：我玩着玩着就忘记时间了。
爸爸：午睡时间定在下午1点到1点半，下次你要记得看钟表。
儿子：好的，我记住了。

很多父母抱怨孩子没有时间观念，爱磨蹭，做事拖拉。其实，对孩子而言，时间这种抽象的事物是不容易被理解和接受的。时间是个抽象的概念，看不到，也摸不着，家长一遍遍地强调时间，可孩子听了之后却是一头雾水，不知所云。其实，这都是因为家长没有通过正确的方式告诉孩子什么是时间观念。

1. 什么是时间

时间是什么？时间来无影，去无踪，当家长在孩子面前提到"十分钟""一个小时""今天""2021年"这样的表示时间的词语时，孩子是难以理解的。所以当父母催促孩子的时候，孩子会一脸茫然和迷惑，经常出现家长觉得事情十万火急，孩子却若无其事的情况。

2. 要做一个有时间意识的人

其实，孩子从三四岁时就开始形成认知能力，一直到十五岁左右才会成熟。在这漫长的成长过程中，家长就要让孩子养成良好的作息习惯，帮助孩子树立时间意识。

 培养孩子时间观念的小妙招

要想培养孩子的时间观念，就要让孩子清楚秒、分、小时、日、月、年的准确概念，不要用"一会儿""马上""等会儿"这类意义较宽泛的名词，要让孩子知道具体的时间长短；要让孩子养成具体某段时间做某件事的生活规律，让孩子学会记录时间。比如，什么时候吃早饭，午休睡了多久，养成固定时间做事的习惯；要让孩子有可供自己支配的时间，也可以让孩子自己安排时间；父母也要以身作则，树立良好的榜样，做事不拖拉，守时等。

 父母思考：为什么拥有时间观念很重要？

每年高考季的新闻播报里都会报道有学生因迟到无法进入考场的事件，这就是没有时间观念造成的。如果一个人没有时间观念，轻则错过班车、上课迟到，重则错过高考这种重大考试等。没有时间观念的人是难以受到他人尊重的。

细节 50　高效有什么好处呢

——节约时间，高效利用时间

儿子：我今天一下午的时间都浪费在了看电视剧上。

爸爸：那你觉得看电视剧有意义吗？要是有意义，那你就不算浪费。

儿子：我觉得没有意义。那都是些对生活没有帮助的内容。

爸爸：那你就要改掉浪费时间这个坏习惯。

时间是构成生命的材料。燕子去了，有再来的时候；杨柳枯了，有再青的时候；桃花谢了，有再开的时候。但我们人类不同，我们的人生就是一个渐渐长大，再慢慢老去的过程，时间一天天地向前奔驰而去，一去不复返。这就要求我们必须学会分配时间，节约时间，高效利用时间。

1. 资源有限理论：光阴一去不复返

看似我们每个人都拥有大把的时间，今天过去了还有明天，但其实，这是表象，时间是一种宝贵的、稀缺的资源，我们每个人拥有的时间都是有限的。

2. 效率制胜

在信息化高速发展的今天，凡事都讲究效率。在学校里，考试考察的是学生在规定时间内做题的正确率；在企业里，绩效考核的是员工在规定时间内最快最好完成工作的能力。对孩子而言，如何提高学习效率，收获更多的知识是关键。只有提高学习效率，才能提高学习力。

 培养孩子效率意识的小妙招

父母应教导孩子保持学习的激情。学习的激情决定了孩子能否积极主动、认真负责地学习。

家长要教会孩子选择正确的方向。方向正确了，就不会浪费时间和精力。

家长要教孩子选择好的学习方法。学会选择最合适的、最简便的方法，学习才能事半功倍。

家长要让孩子懂得劳逸结合。劳逸结合能使效率更高。

家长要注意培养孩子的竞争意识，比如比赛谁能又快又好地完成作业。

家长要以身作则，做事不拖拉，并且要有好的态度，争取把事情完成得又快又好。

 父母思考：孩子的学习效率提高了会有哪些好处？

孩子的学习效率提高了，会有这样几个好处：增强孩子学习的积极性，激发孩子学习的自主性；缩短学习时间，从而让孩子有更多的时间自行支配，可以去娱乐、旅游、社交和休息；让孩子具备竞争优势，从而提高自信心；缓解厌学等不良情绪。

细节 51　孩子今天没进步

——吾日三省吾身：实现自我，超越自我

爸爸：你有想一想今天都做什么了吗？

儿子：我今天除了上课就是和小明玩耍了。

爸爸：那你觉得你比昨天进步了吗？

儿子：我觉得有进步，今天学到了新的知识。

人生不是一场与时间赛跑的竞赛，而是一场与自己赛跑的竞赛。我们要想成长，就要与稚嫩的昨天告别，向成熟的明天冲锋，所以成长意味着进步，而进步是通向成长的阶梯。家长要培养孩子良好的反省意识，每天都要问自己：同昨天相比，今天的我是否有进步？从逝去的一天中得到了什么？

1. 学会反思是一种智慧

时间，总在忙忙碌碌中悄无声息地溜走。当一个孩子每天都抽出点儿时间来回顾一下逝去的一天，要是发现一无所获，浪费了时间，或是做错了事，说错了话，那么他就会意识到自己的问题，今后就会想方设法地解决问题，提高效率；要是发现有所收获，那么他就会有成就感，自信心也会得到增长，他就会把高效能习惯保持下去，从而不断进步。

2. 进步才是人应该有的姿态

古人言："逆水行舟，不进则退。"进步是相对于退步和原地踏步而言的。一个人的成功来自不停地超越自己，不停地更正错误，往更高的阶梯迈进。孩子的进步则体现在知识的积累层面和为人处世的智慧程度上，比如是否比昨天的自己懂得更多，今天有没有收获。

 培养孩子总结意识和反思意识的小妙招

家长要让孩子养成每天晚上问自己问题的习惯：对父母是否有足够的尊重？对待同学和玩伴是否真诚？是否积极主动地帮助他人？有没有说脏话和谎话？有没有产生不好的情绪，如嫉妒、傲慢？每个科目都新收获了哪些知识？作业是不是都完成了？有没有留下什么问题？有没有把什么事情给搞砸了？

 父母思考：反思的重要性有哪些？

反思能把大脑中的想法进行整理、归类、整合，有助于形成清晰的思路和逻辑；反思有助于发现问题，能防微杜渐，防止不好的事情变得更加严重；反思有助于弄清定位，使目标更加明确，方向更清晰；反思能提高记忆能力；反思能使知识得到沉淀，为质变打下基础。

细节 52 快去做作业

——不做监工型父母

儿子：爸爸，您别待在这儿盯着我写作业了。

爸爸：你写你的，不用管我。

儿子：您在这里，我没法专心写。

爸爸：我要看看你每天都学些什么内容。

在结束一天的繁重工作后，家长回到家还要三催四请，冒着随时都有可能爆发一场家庭战争的风险，监督孩子完成家庭作业。这是令每位家长都头疼的问题，也是很多家庭都亟须解决的难题。这种监工式的陪伴之所以会给双方带来折磨，是因为父母没有站在孩子的角度思考这种辅导方式存在的问题。

1. 监督式教育不可取

家长一刻不停地守在孩子身边充当监工的角色，一方面，会使孩子有种被监视的感觉，孩子会担心家长指出作业中的错误时的负面评价，心理压力突增；另一方面，写作业也是孩子思考问题的过程，家长在旁边不利于孩子集中注意力，导致其思路中断。

2. 到什么时候做什么事

孩子没有养成按时写作业的习惯，与孩子的执行能力差、没有形成良好的时间观念、没有清晰的时间规划有关。通过日积月累的训练，让孩子知道在写作业的时间段应该认真地写作业，具备良好的时间观念，这样孩子的自主性、自控能力才会大大提升。

 帮孩子解决作业困难的小妙招

帮孩子调换作业的顺序，可以极大地改善孩子不愿写作业的情况。孩子开始做作业时，精力充沛，状态较好，即使面对不喜欢的科目，也能耐着性子做完，所以，家长可以让孩子先做他不喜欢科目的作业。把最不愿意做的作业先解决掉就相当于早早结束了痛苦的过程，较早地摆脱烦心事，之后做其他的作业就会心情愉快。当孩子做不喜欢科目的作业时，家长可以陪同，孩子看到家长的重视，也会重视起来。

 父母思考：如何培养孩子专心写作业的习惯？

父母要先让孩子把文具准备好，把学科作业的顺序安排好；了解一下孩子的作业量，根据孩子的意见和实际情况估计一个完成时间，让孩子定时定点完成作业；如果家长发现孩子注意力不集中，有拖拉的行为，可在旁边提醒；在孩子写作业的过程中，家长不要待在旁边，并且尽量保持环境安静。

细节 53 上课又迟到？上课总请假？
——守时就是守信

> 爸爸：听说你今天上课迟到了？
>
> 儿子：是的，我早上起床晚了。
>
> 爸爸：那你为什么会起床晚了呢？
>
> 儿子：我赖床了。

没能准时赴约，甚至是不赴约，事后故意找借口为自己的迟到开脱。对于这种行为，从表面上看并没有产生严重的后果，但这种不守时的行为给人际关系造成的破坏是无法弥补的。如果说犯错误是在沙滩上留下脚印，那么不守时就是在石头上刻字，海浪冲刷掉石头上的印记要比抚平沙滩难得多。

1. 不守时是一种不良行为

很多孩子没有时间观念，上课迟到，无故旷课，到了与朋友约定好的时间却迟迟不现身，不能在事先约定好的时间内完成任务。这些都是不守时的表现。家长应从小培养孩子守时、守信的观念。

2. 守时就是守信

守时就是遵守时间的约定。守时是信誉建立的基础,是一种承诺和责任,关系到一个人的人品。如果一个人做不到守时,那就说明这个人言而无信,不值得信赖。守时是一种礼貌,是尊重别人时间的表现。能否守时是对一个人品质的基本考验。如果一个人做不到守时,就表明这个人缺乏严谨性,自我约束能力差。

 教会孩子守时的小妙招

家长要告诉孩子,与人约会,要按照约定的时间赴约,最好是提前五分钟到达指定地点;如果因为意外的事件不能赴约,务必提前通知对方,最好是提前一天,以便别人安排其他的事务,而且要对自己不能赴约表示歉意,求得原谅;如果估计可能会迟到,要及时告知对方这一情况,告诉对方自己预计到达的时间,并对自己的迟到表示歉意;到达指定地点后,要再次向对方表达歉意。

 父母思考:为什么孩子意识不到守时的重要性呢?

孩子没有时间观念,模糊性理解时间的概念;家长的错误行为示范,很多家长没有养成守时守信的习惯;孩子做事情没有计划,前一项任务的不及时完成影响下一项任务的开展;孩子做事情拖沓散漫,效率低下;孩子没有吸取不守时的教训,没有意识到不守时的危害性;孩子没有尊重他人的意识,等等。

细节 54 好与快如何取舍
——情况不同，好与快也不同

> 爸爸：你的字迹太潦草，很多字写得都不认识，需要重新写。
> 儿子：我还要重写啊！好烦啊！
> 爸爸：你要耐心写，只要字迹工整、错误少，就不用返工了。
> 儿子：好，我知道了。

无论是大人，还是孩子，在这个注重效率的时代都要求我们在工作与学习中既要快又要好。如果速度太慢，就会被对手赶超；如果质量不好，就会被规范和标准淘汰。家长都希望孩子又快又好地完成作业，即时间短且质量高，这一要求是能够理解的，但并不适合所有孩子。针对不同的孩子，家长应该有不同的要求和标准。

1. 权衡好速度和质量

俗话说，"慢工出细活"。不仅是在学习上，生活中也是如此，精品都需要花费大量的时间和精力打磨，在已有的基础上不断地改进。但当时间紧迫时，处理好速度和质量的问题是难以权衡的选择。

所以家长要在孩子小的时候，让孩子学会处理好与快之间的关系，选择适合自己的学习模式。

2. 时间有限，合理利用

如何处理写作业的好与快之间的关系，并没有标准答案。当时间与质量发生冲突时，家长要根据孩子自身的情况做出调整。有的孩子写作业快，但字迹潦草，错误率高，这时候家长应该让孩子耐住性子，放慢速度，注意字的美观度，多检查，找出错误。有的孩子写作业比较慢，字迹工整，但耗时比较长，这时候家长应该让孩子学会管控时间，把有限的时间合理地分配到作业中。

 培养孩子速度意识和质量意识的小妙招

在孩子刚开始做作业时，就要让孩子养成一笔一画、认真写字的好习惯，务必保证字迹工整、清晰，通过写字来磨炼孩子的性子，防止孩子养成毛躁、心急的毛病；家长要重视正确率，把题做对是做题的最终目的，一味求快、不顾对错是浪费时间、本末倒置的做法；通过练习来帮助孩子提高做作业的速度。

父母思考："又快又好"是不是应该改成"又好又稳"？

家长应该给孩子树立又好又稳的标准，把对速度的重视转移到稳定度上来，孩子的学习过程应该朝着又好又稳的方向发展。质量是我们的最终目标，没有质量的学习是不合格的。在学习的过程中，稳定持久的学习才是高效的学习。

细节 55 这么多科目，怎么学啊？

——合理分配时间

> 儿子：我们这学期新开了物理课和化学课，课程越来越多了。
>
> 爸爸：是啊，学业任务加重了。
>
> 儿子：那我该怎么学呢？
>
> 爸爸：你要学会合理分配时间。

随着年龄的增长，孩子需要学习的课程和面对的问题会越来越多，难度也会随之增大。如果孩子没有做好充足的心理准备和知识准备，那么，摆在面前的就是一个巨大的难关：该怎么利用有限的时间来学习那么多的课程？哪个科目放前面，哪个放后面？娱乐和休息怎么办？压力和负面情绪如何排解？

1. 调和时间不够与学习量大之间的矛盾

当孩子无法调和时间不够和学习量大之间的矛盾时，就很容易出现学习进度跟不上、作业做不完、无法在规定时间内完成指定任务、成绩难以提升的状况，轻则容易焦头烂额，情绪不稳定，过度劳累，重则会对学习产生力不从心之感，怀疑自己的能力，心理压力大。这个阶段是需要家长重视的。

2. 用 80% 的时间做好 20% 重要的事

家长要告诉孩子，在面对繁杂的学习任务时，一定要懂得合理分配时间。在这个过程中，孩子要先分析目前的学习情况，知道弱势学科是什么，知道要在哪门学科投入比较多的时间和精力，根据学习的难易程度和作业量的多少合理分配时间，找到学习问题的症结所在，针对困难重点突破。与此同时，家长也要提高对孩子的关注度，观察孩子的情绪，必要时适时进行心理辅导。

父母帮孩子合理分配学习时间的小妙招

父母应当让孩子认识到每段时间面对的学习内容都是有变化的。这就要求父母对孩子保持高度警惕，及时发现新问题，并根据不同的情况适时改进；父母也要通过孩子学习成绩的变动和操作执行后的评价来强化对学习情况的了解。

父母思考：除了合理分配时间，还有别的手段帮助孩子渡过难关吗？

面对深奥难懂的内容，父母要帮助孩子强化理解能力，提高逻辑思维能力；加强孩子学习的自主性，孩子可以将老师即将讲解的内容提前进行学习和预习，寻找到知识的难点和重点，带着问题进入课堂学习中，这样学习的效率会大幅度提升。

细节 56 怎么过一天

——做好时间规划，事分轻重缓急

> 儿子：我周末要干吗呢？
>
> 爸爸：你有计划过吗？
>
> 儿子：我不知道要干吗。
>
> 爸爸：那你想想你还有哪些事没做完，哪些事可以提前做。

成人经常会遇到这种情况：临近傍晚，发现一天的时光已经白白浪费，却有很多事情没完成。这种问题的根源就在于自孩童时期起就没有养成合理安排自己时间的习惯，在学校时可以根据课程安排学习，可一旦进入放假模式，就完全没有想到要提前做好时间规划。

1. 孩子应该对事情的轻重缓急有所了解

能做好时间规划，合理安排自己一天的时间，这对于孩子而言并不是一件简单的事，因为孩子尽管意识到了事情的重要性，但缺乏自制力，容易受到诱惑。孩子不知道目前最应该做的是什么，还剩下什么事情没有完成，还有什么事情是可以提前完成的。这些都要求孩子具备成熟的思维能力和较强的时间规划能力。

2. 好的计划是成功的一半

家长让孩子做时间规划一定要强调主次详略,所有的事情都要分轻重缓急,优先做重要和紧急的事情,不重要的小事可以放在后面集中处理。时间规划要符合孩子的特点,要有娱乐的时间,不仅要集中大量时间在学习上,还要安排一些户外活动,加强体育锻炼。

 孩子制订时间计划的小妙招

时间计划不能制订得过于死板,要实时更新,因为孩子每个阶段的情况都是不一样的,每天都在变化,要根据不同的情况适时调整和改进;制定计划要考虑到情绪和心理状态;执行计划后,要及时进行成果总结,学习成绩的变动和孩子阶段性的评价是审核计划的标准。

 父母思考:合理安排时间的好处有哪些?

能养成良好的生活习惯,精力充沛,作息规律,生活更加舒适;能发现自己的进步和成长,培养技能;有成就感,增强自信心;提高自制力,能有效控制自己的行为;能积极自主地学习,提高学习的主观能动性;能提供一个协调管控和随机应变的机会,训练逻辑思维;促进建立健全人格。

细节 57　少量时间也可利用

——整合碎片化时间，变身时间管理小达人

儿子：我今天作业全都做完了。

爸爸：你今天怎么这么快就做完了？

儿子：大部分作业都是在课间的时候做的，就只剩一小部分带回家做了。

爸爸：那你可以去做别的事情了。

因为各种各样的原因，我们的生活被切割得零零碎碎，以至于我们经常会忽略一天中的碎片化时间，任其白白地流失、浪费。人人都懂得积少成多、集腋成裘的道理，但很少有人能够意识到充分利用碎片化时间为我们的工作和学习服务，碎片化时间都有它们的价值。

1. 引导孩子学会利用碎片化时间

在生活中，孩子有很多碎片化时间，如等车、坐车、排队买饭、课间休息、饭后休息等，这些时间都不长，但如果都能被充分利用，那价值也是可观的。很多家长意识到，只要每天能利用十分钟，让孩子记住一个成语或两个单词，一年下来就是不小的量。然而这种时间大都在嘈杂的环境中，很难使孩子注意力快速集中，因此家长引导孩子学会利用碎片化时间也是有难度的。

2. 碎片化时间利用要多元化

碎片化时间并不意味着要全用来学习，只要不浪费时间即可，家长最好让孩子自己决定，孩子可以根据事件的长短自行安排碎片化时间：可以看一则小笑话，写一篇短文，做一下家务，抑或是和同学玩个游戏，整理下笔记。充分利用碎片化时间的目的是让孩子意识到，原来碎片化的时间可以用来做很多事情，而不是过度碎片化学习。

 教会孩子利用好零碎时间的小妙招

在碎片化时间里，家长可以让孩子复述新学的知识，比如，让孩子给自己讲书本上新学的文章，总结上一周各个科目新学的知识点；家长可以和孩子做游戏，用游戏的方式带领孩子学习，如猜成语、下象棋等，也可以给孩子看一些与学习相关的视频；做些简易的手工、做做运动也都是不错的选择。

 父母思考：碎片化学习是不是就意味着孩子会得不到放松？

对于孩子来说，大部分零碎的时间都是在一个较长时间的学习后产生，这时孩子想要的是放松和休息，对碎片化学习会有抵触心理。此外，孩子的大脑也需要休息，不适宜的碎片化学习会影响孩子正常的学习生活。所以，开展碎片化学习的前提应该是孩子得到了充足的放松、休息，能够保持注意力的高度集中。

细节 58 该休息了
——家长要把握好孩子专注学习的度

> 爸爸：你已经学了一下午了，该休息一会儿了。
>
> 儿子：不急，我正在兴头上，等我学完再说。
>
> 爸爸：好的，你注意时间。
>
> 儿子：好的，我会的。

处在成长阶段的孩子，很容易对感兴趣的事保持较高的关注度，会花比较多的时间和精力做观察、记录、分析、研究，进入一种忘我的状态。在这段时间里，家长不应该频繁介入，以免影响孩子沉浸式思考，家长应做的是尽可能给孩子提供安静的学习空间。但是，这并不意味着过度专注是一件绝对正确的事，过度专注也会带来不良的影响。对于专注，父母更应该帮助孩子把握好度。

1. 专注意味着高效，专注意味着忘我

学习不一定是枯燥的。当孩子过于专注在学习中，专注体现了孩子的兴趣，这种情况下的学习效果一定是最佳的。专注是一种良好的品质，是优秀的人身上常见的一种特质。当一个人专注地思考，全身

心地投入进去，在知识的天空中翱翔时，很容易忘记时间，以至于出现晚睡、晚吃饭等情况。

2. 不过度沉迷于自己的世界，不与周围的环境断开联系

阿基米德在澡盆里发现流体静力学的一个原理，赤身裸体冲到大街上，乐得忘乎所以；泰勒斯观察星空，却忘记了看路，结果掉到了坑里。由此可见，过于专注也不一定是件好事，要具体问题具体分析。过于专注于一件事情里，会难以进入另一种环境中，对外在环境缺少警惕，不能提前防范突发情况的发生。

 家长正确对待孩子过度专注的小妙招

当孩子有学习兴趣时，家长可以允许孩子多学一会儿，但一定要控制好时间，做好时间计划；要弄清楚孩子在干什么，如果是在看书、看电视等，要掌控好孩子的时间，这类活动时间不宜太长。

 父母思考：过度专注有哪些弊端？

过度专注体现了孩子的兴趣和热爱，会让孩子花费过多的时间和精力在一件事情上，容易引发疲劳，减弱兴趣。兴趣是最好的老师，当过度专注于一件事时，就会忽视其他事物，不利于孩子全方位均衡发展，会导致孩子眼界狭隘。

细节 59 晚上不睡觉，早上叫不醒
——建立合理的作息时间表

> 儿子：让我多睡会儿，我不吃早餐了。
>
> 爸爸：儿子，该起床了。
>
> 儿子：我不想起床，我还很困呢！
>
> 爸爸：你快点起床吃早餐，要到上学的时间了。

养成一个良好的作息习惯，对于一个孩子来说是一件很难的事情。孩子课业负担重，前一天晚上要处理过多的家庭作业；孩子本身没有养成早睡早起的习惯；孩子睡觉前看紧张刺激的节目，大脑神经兴奋、活跃引起失眠；父母作息不规律，孩子仿照父母的生活模式，等等。这些都会影响孩子养成良好的作息习惯。

1. 孩子成长期必须保证充足的睡眠

睡眠是生命的需要，是人体恢复精力和体力的必要条件，是生命活动的一个有机组成部分。孩子不能按时作息，往往会影响睡眠，进而影响学习和生活。对孩子而言，只有养成按时睡觉、早睡早起的习惯，有充足的睡眠，才能够保证能精力旺盛地开始一天的活动。

2. 规律的作息很重要

作息不规律会使人内分泌失调，免疫系统紊乱，造成免疫力下降，甚至引发疾病。同时，作息不规律还会影响人的情绪，使人烦躁、易怒，心情低落。因为睡眠是人体释放压力的一个过程，所以作息规律对于保护人的心理健康与维护人的正常心理活动极其重要。

 制定家庭作息时间表的小妙招

家长要制定家庭作息时间表，给家人每天固定的生活习惯做好具体的时间安排，全家人统一按照时间表来进行，家长更要做好表率；家长要加强对孩子的监督，对于破坏时间表的行为要进行制止和干涉；在假期内，要调整孩子的时间安排，以保证家人的充足睡眠，但在假期即将结束时，要提前调整回来，以适应工作和学习。

 父母思考：保证睡眠充足有哪些好处？

充足的睡眠能消除身体的疲劳，恢复体力；有利于保护大脑，恢复精力；改善记忆，增强记忆力；有助于注意力的集中，更专心；提高抵抗力，增强免疫力；促进身体发育。

细节 60　玩耍无极限

——根治"假期综合征"

爸爸：你玩够了吗？已经玩了快两个小时了。

儿子：我还没玩够呢。我还要再玩一会儿。

爸爸：那怎么行。玩耍达到了放松的效果就够了，你该去学习了。

儿子：好吧。

每当假期快要结束的时候，孩子总是对即将到来的学习提不起劲，对假期的快乐时光恋恋不舍，抱有幻想，一想到马上要进入学习的状态就会莫名产生烦躁、忧郁的情绪，有想要逃避的冲动，年龄小的孩子甚至会哭闹不休，乱发脾气。这种状态会一直持续到学校生活的前期，我们把这种情况称为"假期综合征"。

1. 假期不应该成为孩子放纵的借口

孩子的"假期综合征"都是由于家长在节假日期间没有好好约束孩子的行为习惯而导致的。孩子在节假日期间爱睡懒觉、爱熬夜，作息不规律，暴饮暴食，每天浪费大量的时间在游戏、电视、电脑上，随意散漫，过于放纵，以至于没有任何学习上的进展，当开学在即时，就会产生一种浪费时间和一无所成的想法，因而焦虑和懊悔，难以适应新环境的到来。

2. "假期综合征"是一种病

"假期综合征"是孩子适应能力不强和自我情绪调节能力不强的表现。这使得孩子注意力涣散，精神难以集中，学习效率低下；生活作息不规律，作息紊乱，身体没得到好的休息反而变得更加疲乏，进而导致免疫能力下降，使人感到头昏、乏力、肠胃不适等。

 假期结束，家长帮孩子调整状态的小妙招

家长应帮孩子调整饮食，尽量吃得清淡一点，准时吃饭；调整作息规律，在睡前两个小时内不要给孩子安排容易引起兴奋的活动，可以读读书、听听音乐，让孩子尽快恢复到早睡早起的上学作息；减少电子产品的使用，家长要严格控制孩子电子产品的使用时间，可以用体育锻炼来代替玩电子产品。

 父母思考：孩子什么时候能彻底摆脱"假期综合征"？

当孩子真正独立的时候，不依赖父母，不沉迷于娱乐中，能够合理利用电子产品，时间观念成熟，能够根据自身的情况来做好假期的时间规划，并有效执行，作息规律，能够有很好的环境适应能力和自我情绪调节能力。

第六章

掌握科学的学习方法，才能事半功倍

学习不是一味地下苦功夫就能取得好成绩的，要取得好的成绩一定要掌握科学合理的学习方法。科学合理的学习方法是通过总结错误的经验和向成功的经验学习得来的。学习方法因人而异，因此，每个人可根据自身的具体问题，选择相对应的方法。

细节 61 学以致用

——让孩子彻底爱上学习

儿子：我发现历史学了没什么用啊。

爸爸：怎么会没用呢？你怎么会这么想啊？

儿子：历史是过去的事情，我们不是应该立足于当下吗？

爸爸：读史使人明智，以往的问题是可以供现在借鉴的。

设想一下，如果孩子每天学到的知识都能有使用的地方，那么孩子的学习兴趣和激情会不会大幅度增长？孩子之所以对学习缺乏兴趣，不只是因为枯燥的理论知识让人望而却步，更是因为实际生活中很少给孩子学以致用的平台和机会，孩子感觉不到学习的实用性。

1. 学以致用，知行合一

孩子学到很多知识后，若只是搁置在大脑中不输出，随着时间的流逝很容易遗忘，难以储存；新学的知识不能及时转化为实际可用的能力，解决不了实际的问题，是一种浪费，也会挫伤孩子学习的积极性；知识不付诸实践，不深入思考就会造成思维停滞，长久下去人会被时代远远地抛下。

2. 要将抽象知识具体化

毫无疑问，孩子每天在学校学到的知识中，抽象的概念居多，很容易一头雾水，也不利于在实际生活中操作。孩子应具备较高的形象思维能力和空间想象能力，把抽象的知识先简单化，再同具体的形象联系在一起，力求接近心中的这个抽象概念，提高认知力。

父母教孩子掌握学以致用的小妙招

父母应提醒孩子把学会的理论与实际问题联系起来，加强思考和理解；让孩子学会边学习，边运用，强化记忆；提高孩子的表达能力，把弄懂的知识清楚地表达出来；多注重孩子的实践能力，也就是动手操作的能力；让孩子学会与人沟通和交流，走出自己的局限性，了解别人的想法也能够让自己想明白很多问题；让孩子学会重复运用所学的知识，熟能生巧；让孩子抛弃陈旧的观念，学会与时俱进，跟上时代的步伐。

父母思考：如何让孩子把各个学科的知识学以致用？

语文：多阅读，将语言基础知识和作文同生活中常见的各种文体联系起来，对孩子开展思想品德教育，多探访历史古迹和名人故居。

数学：用数学中的公式和原理来解释生活中的现象，解决生活中的数学问题，如房屋面积、买卖交易等。

英语：有条件的家庭可以去以英语为母语的国家旅游，报名各种训练营，给孩子提供口语沟通的环境。

细节 62 有提前预习吗

——准备好问题去上课

爸爸：你明天都有哪些课啊？

儿子：语文、数学、英语，还有科学。

爸爸：那你都预习了吗？

儿子：没有。我不用预习的，都很简单。

在大多数情况下，父母询问孩子的学习情况，会发现很多孩子没有提前预习的习惯，带着一颗空空的小脑袋等待第二天在课堂上听老师的讲解，甚至有的孩子连第二天要上什么课都不知道。由此可见，很多孩子都没有意识到课前预习的重要性，这也是孩子课堂学习效率比较低的重要原因之一。

1. 预习对提高学习效率意义重大

预习功课，对于提高孩子的课堂学习效率意义重大，它如同战前侦察，打探敌方情况，以便于交战时知己知彼，百战百胜。预习功课除了能帮孩子扫除听课中的"拦路虎"，还能降低课堂学习的任务量，提高听课的自主性，巩固知识的记忆，由被动听课的保守状态转变为主动求知的进攻状态。

2. 预习不是负担，是准备

预习是一种准备，准备得越充足，上了战场就越能好好地发挥，成功的可能性才更大；准备得不好，全凭随机应变和运气，冒的风险更大。

 父母教孩子做好知识点预习的小妙招

父母应让孩子提前通读课本，对要学习的内容有个大致的了解；重点掌握基础知识，做到了然于胸；要特别标注重点和难点的内容，做好笔记；开展深入思考，尝试自行解决难题；对于有疑问的或是不懂的地方，可以查找相关资料，若是无法自行处理，留到第二天课堂上解决，明确第二天课堂上需要解决的主要问题；等等。

 父母思考：家长如何参与到孩子的预习中去？

父母要控制好孩子预习时间的长度，不要太长，也不要让孩子"一把抓"，因为把所有的知识都弄懂是不符合实际的，这会使孩子过于疲乏，滋生厌倦情绪；不要求孩子过于深入，预习是为了明确问题，提升听课的效果，而不是为了提前把课堂上的所有问题都解决了；家长可以从孩子感兴趣的科目开始引导，随着孩子投入程度的提高，慢慢扩大预习的范围。

细节 63 有课后复习吗
——把学到的知识消化掉

儿子：我写完作业了，可以出去玩了。

爸爸：你有复习今天课堂上学的知识吗？

儿子：为什么要复习啊？

爸爸：学完就丢在一旁，时间久了你不就忘记了？

很多孩子默认的学习流程就是，每天早上去学校，上课听课，听完所有的课程后放学回家，然后完成家庭作业。日复一日，循环往复，直到在测试中证明有些知识并未被消化吸收，而是被遗忘了。孩子每次学完一个新的知识点，都应当及时地复习，这样才能学得扎实，记得牢固。

1. 复习是和遗忘的战斗

学会复习是一个好的学习习惯。知识与知识之间是紧密相连的，复习能帮助我们消化、理解、巩固学到的知识，使其条理化，使我们的思维更系统化，加深原有知识的记忆，帮助我们不停地整理和归纳存储在脑中的知识。复习也是一个学以致用的机会。

2. 遗忘是必然的

按照信息加工的观点,遗忘是信息提取不出或错误提取。孩子在学习的过程中,每天都会学到新的知识,当旧的知识没有使用的机会或平台,只是一味地积压在脑中,时间一长,就容易遗忘。孩子如果养成复习的习惯,就能强化记忆,对抗遗忘。

父母教孩子防范错误复习方式的小妙招

父母应让孩子意识到复习不是简单地看看书,而是对已学知识的一种集中化和系统化的简化和提炼,是大脑的一种思维活动,是认知结构的一次优化和更新。复习不是回忆老师讲的话,而是回顾和分析老师讲过的基础内容、重点内容、难点内容,并同课本比对,寻找课堂听课中遗漏的内容,复习是查漏补缺的过程。

父母思考:家长如何参与到孩子的复习中去?

父母可以做孩子复习、复述知识内容的听众,担任孩子的学习搭档;帮助孩子构建知识网络,指导孩子把知识系统化,引导孩子思考,做比较;帮助孩子缓解学习中的劳累,放松大脑和身体;指导孩子转换学习的方式,调换科目;发散孩子的思维,做拓展性想象;协助孩子制订复习计划,监督复习的进度,等等。

细节 64 背了又忘?总是背不下来?
——分类、联想、理解、巩固

儿子:我脑子一点都不好使,文言文一点都记不住。

爸爸:可能还是方法问题,你平时都是怎么背文章的?

儿子:我一般大声朗读几遍,直到能默读出来。

爸爸:不要背完就不管了,你要定时复习巩固一下。

不少孩子在生活和学习中经常会出现记不住事,即使记住了也会很快忘掉,经常丢三落四的情况。与同龄人相比,这些孩子很容易形成自己天生记性差的错误认知,造成自我效能感的降低。记忆是一项任务,而对于比较难的知识,把它记住并存储起来更是一项巨大的挑战,这就要求家长和孩子科学应对。

1. 记忆力是最基本的学习能力

记忆力是识记、保持、再认识和重现客观事物所反映的内容和经验的能力。记忆力是构成智力的重要部分,是人类学习知识、掌握技能必备的前提条件。随着孩子的发育成长,他的记忆能力也会不断地提高。

2. 记忆力差的原因有多种

孩子记不住所学的内容，原因一般包括这几种：没有兴趣，没有认知欲；使用单一的"死记硬背"法；知识难度太大，不理解就直接背诵；背完就丢一旁，不再回顾和抽查；遇到与知识有关联的情境，也不展开联想与想象。家长一定要弄清楚孩子属于哪类记忆问题，找到记忆力差的根源，才能对症下药。

 有效增强孩子记忆的小妙招

家长应教会孩子使用各种方式和手段增强记忆，如图表记忆、身临其境、分类归纳、联想记忆、动手实操、阅读、对比对抗、演讲展示、圆桌讨论、辩论赛、列大纲、分段记忆、科学实验、比较记忆、小卡片记忆、小口诀记忆、动手书写记忆和交替循环记忆等。

 父母思考：怎样才能保护好孩子的记忆力？

合理饮食，不摄入糖量和脂肪量过高的食物或加工合成的食品，多食用新鲜的绿色蔬菜和粗粮；作息规律，不熬夜，熬夜伤害大脑神经元，不利于脑内信息的传递；合理控制电子产品的使用时间，看太多的视频和刺激的电子游戏不利于睡眠；多亲近自然，呼吸新鲜空气；合理运动；少接受外界的刺激，保持愉悦的心情，等等。

细节 65　参加学习小组，孩子教孩子
——朋友力量无限大

儿子：我和同桌组成了一个学习小组。

爸爸：你们都怎么学习啊？

儿子：我们不仅要比谁的成绩好，还要相互监督。

爸爸：这个方法不错。

在学校里，孩子们很容易因为相同的兴趣爱好、脾气秉性和意见看法找到小伙伴，大家一起结伴玩耍，分享心中的小秘密，互相倾诉心中的苦闷，彼此帮助。孩子的伙伴不应该局限在玩耍和陪伴上，更应该成为彼此学习路上的好搭档，相互帮助和督促，一起努力进步，朝着学习成绩优异的目标迈进。

1. 互帮互助，团结合作力量大

我们处于一个合作共赢的时代，一个人的力量有限，必须要通过和他人的合作，借助他人的力量，才能实现共赢，这就要求一个人具备合作意识。学习小组的合作学习能提高孩子的团队意识和集体意识，提高团队精神，对未来个人事业的发展和人际交往都是有帮

助的。

2. 朋友是成长路上的好帮手

孩子多交朋友能提高口语沟通能力；不会感到孤单，心情变好，性格变得更加开朗、活泼；会带来积极的刺激，摆脱自我为中心的状态，有利于多元学习，形成更广阔的视野和胸怀；增进人际关系；能帮助自己进步。

 家长教孩子实施开展学习小组的小妙招

家长要告诉孩子：学习小组人数应合理；明确小组各成员的优势和劣势，互相学习彼此的长处，以强带弱；建立明确的公平、良性竞争规则，引入适度的奖罚措施；加强沟通，倾听别人的看法和建议；求同存异，尊重差异，向共同的学习目标前进；互相督促与鼓励等。

 父母思考：家长如何参与到孩子的交友中来？

父母引导孩子积极主动地与人交往，不自私，懂得换位思考，尊重他人，真诚、友善待人；培养孩子树立正确的世界观、人生观和价值观，教孩子明是非、知礼节、尊信重义，懂得如何辨别错与对；培养孩子独立自主的人格，不轻信、有主见、不盲从；给孩子提供充足的社交时间。

细节 66 上课不听，下课补救
——高效利用课堂时间

儿子：我上课容易走神，听着听着就想别的事情去了。
爸爸：为什么呢？你有想过原因吗？
儿子：我觉得应该是我经常不自觉地盯着窗外的缘故。
爸爸：那这是一个很坏的习惯，你要改掉它。

课堂是孩子吸收知识和用心思考的主要场所。当老师在课堂上讲课时，如果孩子只是做一个被动的信息接收者，那么很有可能会漏掉老师讲授的重点知识，或是眼睛盯着黑板，思绪却飘到了远方，整个人沉浸在幻想的世界里，这也是孩子课堂学习效率低下的重要原因。

1. 孩子的注意力集中程度因年龄而异

实验表明，孩子在课堂上连续集中注意力听讲的时间是随年龄的增加而递增的。对于低年级的孩子来说，上课出现走神、注意力涣散的情况时，家长应当给予孩子理解，帮助孩子及时意识到这种现象的严重性并改正过来。

2. 科学对待注意力问题

孩子上课注意力不集中的原因一般有这几种：孩子学习态度有问题，不想学，不把学习当回事；听不懂老师讲述的知识，遇到知识理解上的难题；受到教室外环境的干扰，被吸引住了；前一天晚上熬夜没有休息好，上课犯困；授课老师的普通话不标准，很难听清他说的话。家长一定要帮孩子弄清楚孩子属于哪类听课问题，才能有针对性地引导孩子改变现状。

 提高孩子课堂注意力的小妙招

父母要告诉孩子，不能思考学习以外的事情，要排除干扰，净化内心；要多问自己关于授课内容方面的问题，通过思考跟上老师授课的进度，大胆举手争取老师的提问；做笔记，把老师讲课的重难点内容都记下来，让耳朵和眼睛都时时保持专注；家长平时也要加强对孩子注意力的专项训练。

 父母思考：导致孩子注意力不集中的原因是什么？

在家庭教育里，当孩子沉浸在一件事情中时，家长经常打断孩子，有时候是出于关心孩子，有时候是及时指出孩子的毛病，有时候是发现孩子走入误区而及时制止，孩子想要继续专注的话就得重新进入状态，长久下去，精神就很难集中。

细节 67　不爱和老师打交道

——跟上老师的讲课进度

爸爸：老师反馈说你上课从来都不参与提问。

儿子：我不喜欢回答问题。

爸爸：为什么？

儿子：在那么多同学面前回答问题，万一答错了，岂不是很尴尬？

在班级里，老师就是孩子的大家长。教师不仅是传道、授业、解惑的知识传播者，还是塑造孩子个性和陪伴孩子心理发育的成长见证人。孩子智力的开拓和发展，道德观、人生观的形成都离不开老师的谆谆教导和殷切鼓励。这就要求孩子在校期间务必和老师保持高度统一，联系紧密，加强师生之间的对话。

1. 犯错误，比不敢犯错误更可怕

孩子之所以不愿意在课堂上提问，是因为随着年龄的增长，开始在意别人的评价，就是所谓的"爱面子"，自尊心作怪，从而遏制自己的求知欲和好奇心。家长一定要尽早让孩子意识到求知的重要性和

自尊心过度的害处，帮助孩子走出认知误区。

2. 师生关系要处理好

孩子和老师的相处是多对一的关系，老师的精力和时间有限，难免会照顾得不够全面、深入，这很容易让孩子对老师产生负面情绪。师生关系出现矛盾，这在现实生活中是常见的一种现象，也是很多孩子产生偏科的重要原因。当家长发现孩子产生反感老师的心理时，一定要和孩子积极沟通，疏导孩子的情绪，及时化解师生之间的矛盾。

 增强师生关系的小妙招

家长要教导孩子遵守纪律，有礼貌，尊重老师，体恤老师的辛苦；要跟上老师的授课进度，保持频率的一致；要多思考知识方面的问题，多向老师请教问题，积极进取；要帮老师分担力所能及的活，学会善解人意；等等。

 父母思考：如何让孩子养成在课堂上回答问题的好习惯？

父母要教会孩子正视并诚实面对自己的虚荣心和自尊心，不能为了暂时保住"面子"而逃避问题；提高孩子的自信心，对自己有清楚、准确的认知，勇于承认自己的弱势，勇于面对和解决知识上的问题；鼓励孩子抓住课堂上向老师提问和回答问题的好机会，从而提高课堂学习的效率，也能加深和老师之间的亲密程度。

细节68 考不好
——掌握考试技巧

爸爸：这次考试没考好，你有没有总结原因？

儿子：我没有把握好时间。

爸爸：为什么会这样？

儿子：我在选择题和填空题上花了太多时间。

虽然考试并不意味着一切，但任何一门课程的学习都需要一个成果检测和评估的考核机制，考试就是衡量学生对知识点理解和运用的熟练程度的最直接的一种方式。然而，考试成绩往往并不是完全由知识的掌握程度和做题的熟练程度决定的，它还和答题的习惯、考前的准备、考试时的心理状况和心情有很大关联。

1. 考试成绩不理想说明存在问题

一般来说，孩子考试成绩不理想有这几种原因：孩子对知识的理解不到位，自身能力存在问题；孩子在考试中碰到难题不肯放手，坚持死磕到底；孩子遇到考试就心慌、怯场；孩子出现记忆"堵塞"，该想到的却总是想不起来；孩子粗心大意，看题不认真，做完不检查。对此，家长一定要帮孩子找到问题出在哪里，然后对症下药。

2. 技巧搭配知识，如虎添翼

要想让孩子在有限的时间内快速、准确地把题目都做对，需要经过科学的训练，掌握一定的方法。获得优秀的考试成绩需要孩子做到心无杂念，心态平和，具备过硬的心理素质，精力充沛，思维敏捷，面面俱到。考试考验的是一个人的综合素质，而并非只是知识的掌握情况。

  教孩子养成良好的应试习惯的小妙招

首先，家长应保证孩子睡眠充足，饮食科学。其次，教给孩子一些应试小技巧：在考试时，首先要平复情绪，做好心理暗示，不害怕面对考试，不怯场；整体浏览一下试卷，合理分配时间，处理好难易题的答题顺序；遇到一时无法解答的难题或者是记忆堵塞，应当保持镇静，跳过，留到后面再去解答，而不是花大量的时间死磕，这会耽误整体的答题进度；做完了一定要检查，不同学科使用不同的检查方式；卷面整洁程度也很关键，多使用草稿纸，字迹工整清楚，等等。

  父母思考：家长该如何处理孩子的考试问题？

家长应该正确认识孩子的考试焦虑，具备共情能力，理解孩子的心理压力；家长不要过度关注孩子的考试成绩，用成绩的高低来衡量孩子的价值；家长应该透过表面的数字看到背后的本质，帮助孩子发现、总结学习中的问题，寻找正确的应试方法；给孩子宽容和鼓励，帮孩子树立不断完善自己的信念和勇气。

细节 69 偏科严重
—— 全方位均衡发展

爸爸：为什么你数学考得这么差？偏科太严重了。

儿子：我也不知道啊，数学就是很难学啊。

爸爸：不是数学难学，是你没有掌握正确的方法。

儿子：我也不知道数学该怎么学。

当面对众多科目时，很多孩子很难做到面面俱到，均衡发展，会把心思和精力放在自己感兴趣的科目或是有优势的科目上，以致出现偏科的问题。然而，每个科目都是知识网络中重要的一个分支，都是世界观的重要组成部分，不能忽视。

1. 偏科不可取

很多家长意识到孩子偏科的问题后，并没有及时采取手段干预，反而产生重点培养孩子优势学科的想法，认为孩子通过优势学科的专注学习可以培养兴趣点，从而达到特长的程度；有些家长表达出自己对某一科目的兴趣和态度，也会影响孩子学习的动向和积极性。这些错误的做法都会使孩子偏科的趋势越来越明显。

2. 综合成绩是最关键的

在各种大型考试中,衡量孩子学习能力的标准是总成绩,而非优势学科的成绩,也不是劣势学科的成绩,它考查的是孩子所有学科均衡发展的程度,能否统筹全局,全面发展。当孩子偏科时,轻则产生畏难情绪,心理压力较大,重则错过好的学习机会,与理想中的大学失之交臂。

 改变孩子学科劣势状态的小妙招

父母要让孩子意识到每一科都很重要,这重要性不仅仅体现在总成绩上,还体现在世界的复杂性上;父母不要从个人的兴趣、喜好方面施加影响;可以借鉴优势学科的学习方法,帮助孩子解决学习上的问题,提高成绩,不让困难阻碍孩子全面发展;消除孩子的恐惧和排斥心理,多鼓励,多沟通,给足耐心;建议孩子向优等生学习好的学习经验;利用假期时间,加强课外辅导,对劣势学科多下功夫。

 父母思考:社会上有很多"偏才"成功的案例,为什么我家孩子不行呢?

当下的高考形势决定了一个孩子要想进入名校,每个科目的成绩都必须优异,学科成绩过于失衡则很难进入高校深造;年龄小的孩子表现出来的优势并不一定就是真正的特长,若放任孩子一味地追求优势学科,放弃劣势学科,很容易导致孩子基础知识掌握得不扎实;社会上出现的"偏才""怪才"属于极少的特殊案例,不具备普遍性。

细节 70 从不做笔记
——建立学习的"检修站"

爸爸：你每天课堂上都不做笔记吗？

儿子：不用啊，学的内容都很简单。

爸爸：那老师拓展的知识点呢，也很简单吗？

儿子：我觉得记笔记很浪费时间。

中国有很多知名著作都是由作者的笔记整理而成的，比如，《论语》就是由孔子的弟子将孔子讲学时的言论记录下来整理而成的，《文学回忆录》就是由陈丹青在木心讲课时做的笔记整理出版的。笔记往往就是授课老师言论的精华、智慧的结晶，最好是记录下来，以供日后反复使用。

1. 笔记不是课本，但优于课本

家长和老师都鼓励孩子在上课期间做笔记，但这并不意味着要像速记员一样，把老师讲述的所有内容一字不落地记下来。学生上课做笔记的前提是高效听讲，是为了记下重要的知识点和老师额外补充的内容，记笔记是为了搭配课堂听讲，而不是记全老师讲过的话。

2. 记笔记是好的学习手段

俗话说"好记性不如烂笔头",随着时间的流逝和知识的积累,很容易出现知识遗忘的情况,所以,做笔记是一个非常好的防止遗忘的手段。孩子上课一边认真听讲,一边思考老师讲述的内容,仔细留心重要部分,并记录到笔记本中来。在这个过程中,孩子都保持高度的专注,一直在吸收、思考、理解和消化新学的知识点。

 让孩子学会记笔记的小妙招

家长一定要让孩子学会自动过滤那些没有必要记述的部分,节省精力;可以精简老师口语表达的内容,转为字数比较少、易于理解的文字信息,也可以概括性描述;重点关注易混淆和易错的知识点;当存在疑问的时候,预留出空白的地方,等问题彻底处理完再补充上;可以选择用不同的下划线和符号做标记,等等。

 父母思考:如何使用笔记来学习?

每一节的知识学完后,可以对照着笔记,默想老师上课讲述的内容,既能查漏补缺,加深理解,增强记忆,又能积累知识,条分缕析、归纳、整合、理清各个知识点之间的脉络关联,搭建知识框架,锻炼理性思维和宏观把控的能力等。

细节 71　想不出来，想象困难

——想象力是创新的根本

儿子：为什么我向天空扔石头，石头还会掉地上呢？

爸爸：你再继续想想，是不是所有的东西都会这样。

儿子：还真是这样，人跳起来也会落在地上。

爸爸：你去拿两根磁铁研究一下。

在日常生活中，家长会因为孩子反应速度慢，思维逻辑单一，不爱动脑筋思考问题，理解不到位，给孩子贴上"笨"的标签，然而这其实是一种错误的做法。孩子有这些表现往往是由于其缺乏想象力，创造性思维力弱，大脑的潜能尚未被激发；孩子从小缺乏激发创造力的机会，提问和质疑被大人打断，没有培养出独立性思维。

1. 细节处见想象力

在孩子小的时候，家长就应该格外注意，孩子是否爱问问题，家长有没有耐心且详细地回答孩子的问题，孩子是否以家长的意见为标准，敢不敢质疑，孩子有没有天马行空的想法，孩子是否喜欢动手，孩子有没有发散性思维和逆向思维，这都影响一个孩子能否提高自身的想象力。

2. 想象力决定人类发展的上限

想象力是人类最重要的能力,大到世界性重大知识议题的突破,小到解决生活中的一个小难题,都和人类的想象力挂钩。任何发明都离不开大胆的想象。伟人通过实践向想象中的目标迈进,将想象中的模型具体化,落实想象中的灵感和理念,搭建属于自己的特色王国。因此,培养想象力对孩子的成长发育至关重要。

 开发孩子想象力的小妙招

给孩子独立思考的机会和空间,让孩子自己解决自己的问题;提高孩子的劳动能力,鼓励孩子动手制造;保证充足的睡眠,科学安排饮食;尊重孩子每一次的质疑,不用标准答案否定孩子质疑的勇气;拓宽孩子的视野和知识面,让孩子多涉猎一些不同的学科领域;多做益智游戏,鼓励孩子去想象,亲近自然,等等。

 父母思考:为什么孩子的想象力比成人丰富?

孩子在还未接受系统教育之前,对周围的环境都保持极高的关注度,他们缺少社会经验,尚未形成固化的思维理论体系,使得他们比成人更习惯性地思考问题;他们不受利益的驱动,没有得失的心理,思维更自由,脑神经更活跃,会更倾向于发散性思维的思考方式,追求无拘无束的表达方式。

细节72 使用题海战术
——吃透知识才是好练习

爸爸:你这次数学没考好,我给你买了两本习题集。

儿子:我不想做习题集了。

爸爸:只有做大量的题,下次遇到这类问题你才不会错。

儿子:我知道这次考试成绩低的问题出在哪儿了。

在教孩子学习的过程中,家长很容易陷进一个错误的认知误区:一旦孩子的学习成绩不理想,就让孩子做大量的习题。有些家长认为题海战术是最简单、最直接、最有效的,孩子只有做得多、正确率高,考试才会没有问题。于是,孩子每天都会花费大把的时间机械重复地做大量的习题久而久之,会产生填鸭式、做题式的学习思维,脑海中只有做题这一种学习方法。

1. 要培养灵活、聪明的孩子,不要使其成为做题机器

练习是掌握知识的一种学习方式,但题海战术并不是帮助孩子理解和掌握知识的最好方式。机械的、无休止的题海战术是一种枯燥、乏味

的练习活动，不仅占据了孩子娱乐和人际交往的时间，容易使孩子产生身体和心理上的疲劳，还不利于孩子形成健全的人格，容易使孩子产生心理问题。

2. 成绩好坏能反映孩子对知识的掌握和应用程度

成绩的高低与知识点的理解和掌握有直接关系，成绩检验的是孩子对知识的掌握和应用能力，锻炼的是孩子运用所学知识分析问题、解决问题的能力，而家长的"唯成绩论"——一切向成绩看齐，很容易把孩子带入思想误区，让孩子认为凡事都应该只注重结果，忽略学习的过程，会让孩子变得急功近利。甚至有的孩子会产生家长只重视成绩，不重视自己的错误观念。

正确处理习题集的小妙招

首先，要帮孩子挑一本适合自己的、难易层次分明的习题集；其次，让孩子做完后要学会客观分析习题集，要认真了解所有做过的题，掌握各种题型的解题方法，能举一反三，还要对所学知识有一定的洞察力，要做到会做的已经彻底消化，不会做的已经完全理解；最后，要做好笔记，养成复习错题集的好习惯。只有吃透习题集，彻底把习题集上的题搞懂，才能体现做题的价值。题目是表象、形式，内容思维才是知识的本质。

父母思考：为什么不能一切都向成绩看齐呢？

"唯分数论"没有把孩子的变化纳入评价体系中，忽视了学习的过程,有失公允;"唯分数论"是不公平和不公正的,它没有重视孩子的个体差异,把所有的重心都放在榜单前几名的孩子身上,忽视了大多数孩子的切身利益;"唯分数论"限制了孩子个性的表达和发展,培养出来的孩子缺乏创造性和实际适应能力。分数是有时效性的,它只能呈现出那一个时期的学习成果。

细节 73 不爱读书

——强化精读，课外阅读很关键

> 爸爸：你怎么不爱看书呢？
>
> 儿子：我每天学习都已经很累了，回到家就不想看书了。
>
> 爸爸：可以挑一些你喜欢的书读啊。
>
> 儿子：我想读侦探小说，可以吗？

有的孩子会习惯性地把读书同学习理论知识画等号，排斥读书，业余时间也从不看书；有的孩子会把在学校里的学习压力转化为对读书的逃避，认为自己在学校里已经读了很多书，在家里尽量不读书。很多家长会给孩子挑选必读书目，但对孩子而言，不是缺乏趣味性，就是难度有点大。这些都会使孩子产生阅读障碍。

1. 阅读关乎知识的学习、思维的进步

书籍是人类进步的阶梯。各个行业的顶尖人士无不保持着阅读的习惯：有的通过文学作品陶冶情操；有的通过类型小说放松自己，缓解压力；有的通过名人传记汲取成功的经验；有的通过学科著作学习

知识，充实大脑。因此，家长要引导孩子通过阅读来实现自我提升，促进个人进步。

2. 阅读使孩子终身受益

孩子如果养成爱阅读的习惯，将会终身受益。课外阅读能给孩子展现难以经历的世界，提高孩子的想象力；课外阅读能丰富孩子的人生经验，开阔孩子的眼界，让孩子树立远大的理想；课外阅读能拓宽孩子的思维，使孩子养成独立思考的能力；课外阅读能培养孩子的兴趣，给孩子带来快乐，健全孩子的人格；课外阅读能增强孩子的语言表达能力，提升孩子的写作能力。

 提高孩子阅读能力的小妙招

父母要为孩子营造读书的环境，平时可以多带孩子参观图书馆和书店；给孩子选书的权利，按照孩子的意愿选择书籍；不过度干涉孩子的阅读习惯；鼓励孩子在阅读中思考，建议孩子写些感想和心得，做笔记，复述；引导孩子去思考作者的思想和写作手法的优劣；鼓励孩子挑选高品质的、略微有难度或是知识百科类的书，等等。

 父母思考：为什么孩子读了书却没什么显著的变化？

孩子读书的时候注意力不集中，一心二用；阅读时没有进行创造性的思考；孩子读的书质量不高，或是低于孩子的认知水平；孩子把读书当成了"听故事"，没有从书中提炼出有益的信息，无法帮助自己进步；孩子的阅读方式不正确，如多采用略读法等。

细节 74　上网就想玩游戏、看视频

——让网络为学习助力

爸爸：你这一上午上网都做什么了？

儿子：就看看视频、打打游戏。

爸爸：为什么不用网络来学习呢？

儿子：太累了，就想在网上放松一下。

随着科技的发展，电脑早已进入千家万户，我们处处离不开网络。但在家里，很多家长对于孩子的上网行为充满担忧，有的甚至是谈"网"色变，把上网当作洪水猛兽，生怕孩子一沾上电脑就会染上网瘾，其实，这种做法夸大了网络的弊端，没有正视网络的优点。

1. 辩证看待网络

网络是一把双刃剑，既能供学习知识使用，也有可能会上网成瘾而影响学业。毫无疑问，孩子在网络上能轻易接触到网络赌博、诈骗、借贷、暴力和色情等内容，缺乏自制力的未成年人很容易受到诱惑，轻则沉迷其中，影响正常的学习和生活，重则上当受骗，违法犯罪。孩子上网面临着如此高的风险，难免引发家长的过度担忧。

2. 树立健康的上网观念

家长对孩子上网的"严防死守"并不能解决实际问题，因为孩子迟早都要学会使用网络，这就要求家长给孩子树立正确的网络观念，教会孩子科学、理智地面对网络，从网络中获得对自己有益的东西，扬长避短。孩子只有形成健康的网络观念，养成健康上网的习惯，才能有效避免网络带来的危害。

 有效利用网络学习的小妙招

家长可以让孩子关注一些有价值的网站，了解时事新闻，关注世界大事；寻找高质量的资源，查阅相关资料，搜集、整理信息，寻找解决学习中遇到的困难的答案；去专业论坛交流学习；进行相关专题的网上问答；听有益的讲座，上一些感兴趣的免费课程；控制好上网的时间，等等。

 父母思考：如何使孩子的"自律"代替"他律"？

"自律"是自我约束，主要靠个人的习惯、素质和思想道德约束；"他律"是接受他人约束，主要依靠法律法规的强制和各种形式的监督。要想养成自律的好习惯，就要树立正确的观念，知道什么是能做的，什么是不能做的，有自觉性，养成文明的习惯；具备自省的能力，能反思自己的行为，纠正自己的错误；要从细节处着手，才能在大是大非面前把握住自己。

细节 75 从游戏中学习
——游戏促进大脑发育

爸爸：今天在手工课上你都做什么了？

儿子：您看，这是我做的帆船。

爸爸：这帆船做得很精致啊。

儿子：是的，里面很精巧，我花了好多心思呢。

越来越多的家长能正视孩子爱玩、爱游戏的天性，但同时又不忽视儿童教育的重要性，于是，越来越多的机构在游戏的过程中引入先进的教育理念和思维训练的模式，开发大量的益智游戏，从玩出发，因势利导，通过游戏自然而然地把孩子引入教育体系中，促进孩子的身心健康和智力发育。

1. 游戏有益于身心健康

游戏强调合作，多人配合可以让孩子学会融入集体，使人际交往能力和合作能力得到提高，也能掌握与人打交道的技巧；游戏是一种能带来快感的行为体验模式，能带来最纯粹的快乐，放松心情；游戏能给孩子提供积累经验的平台，提高孩子的动手能力和反应能力；游戏可以锻炼孩子的思维,提高孩子思维的灵敏度和活跃度。

2. 游戏化教学是必经之路

孩子对传统的填鸭式教学的厌恶和逃避,使得儿童教育不得不走上游戏化教学之路。游戏化教学利用游戏来吸引孩子的目光,对孩子爱玩的天性加以利用,调整教学设计和计划,在环境、教导人素质和教学工具方面做些提高和创新,更加注重孩子之间的互动和合作。

 家长在游戏中开发孩子智力的小妙招

家长要给孩子选择自己喜欢的玩具的权利,从中能发现孩子的兴趣所在;家长可以陪孩子一起做游戏,锻炼孩子的听觉、视觉、嗅觉和触觉,如堆雪人、搭积木、拼图、画画、猜谜语、找宝藏、探险和躲猫猫等;多鼓励孩子动手动脑,对孩子的作品提出表扬,肯定孩子的进步,等等。

 父母思考:如何处理好游戏和学习之间的关系?

家长要端正心态,放弃对游戏的偏见,游戏和学习不是非黑即白的关系;家长要形成学习和游戏劳逸结合、相互补充的观点;当孩子痴迷于游戏时,要仔细聆听孩子的观点,找到孩子爱玩游戏的原因,而不是暴力地制止;家长要和孩子沟通,加强疏导,强调主次关系,也可以和孩子一起玩,对交流感情更有帮助。

细节 76　只积攒知识，不输出知识

——教别人更有利于知识的吸收

> 爸爸：儿子，你把今天在学校里学的古文教教爸爸吧。
>
> 儿子：好，您听我说……
>
> 爸爸：你现在想想，对这篇古文的理解是不是更深刻了？
>
> 儿子：还真是呢，我发现记得更牢固了。

美国学者艾德加·戴尔在1946年提出"学习金字塔"理论，指出不同的学习方法所达到的学习效果是不一样的。其中，用耳朵被动地听课，效果最差，学习内容的留存率为5%；而把知识主动教授给别人，效果最佳，学习内容的留存率为90%。因此，孩子积极主动地参与学习活动，占主动地位，才能最大化地吸收学习内容。

1. 在听课的过程中，孩子被动接受知识的输入

在课堂上，孩子只是充当一个听课者的角色，孩子很容易受到教师的授课方式和风格、教师的精神状态和情绪、课堂上的突发情况、孩子听课时注意力的集中情况等因素的影响，这是因为孩子只需要调

动眼睛和耳朵这两个感官就可以完成听课这一活动，在这个过程中，孩子是知识的被动接受者。

2. 把知识主动教授给别人，有利于学习效果的提高

当孩子由学生变成老师，由被动地听变成主动地讲时，在把知识主动教授给别人的过程中，耳、眼、脑、手、口综合使用，从而使注意力更加集中，大脑进入高速思考的状态，进而使知识的吸收效果更好，学习效果得到大幅度的提高。

父母引导孩子把知识主动教授给别人的小妙招

在日常生活中，家长要鼓励孩子不要一味地做"忠实的听众"，而是要大胆地讲出自己的意见和看法；家长要培养孩子的"教师"思维，必要时家长可以充当学生的角色，听孩子教授某一学科的知识点；家长要鼓励孩子多帮助同学解决学习方面的问题，把知识主动教授给别人，以获得运用所学知识的机会。

父母思考：除了把知识主动教授给别人，还有哪些主动参与学习的方法？

分组讨论的方法，练习、实操、实践的方法，以及演示讲解的方法等。

细节 77 错在哪里
——收集错题，做错题集

> 儿子：我把今天试卷上做错的题目全都誊到错题集上了。
>
> 爸爸：很好，那你弄明白错误的原因了吗？
>
> 儿子：我弄懂了。
>
> 爸爸：过段时间再打开错题集，重新做一遍，看看有没有忘记。

每次考完试和做完作业后，家长一定要让孩子养成收集、整理、归纳和反复利用错题的学习习惯。当一道题没有被正确地解出来时，这从侧面反映出孩子在学习上存在某些问题，比如粗心大意、知识掌握不牢固、解题思路不正确等。

1. 只有解决了错题，才能防患于未然

古话说："失败乃成功之母。"如果我们把一道错题视为一个小失败的话，那么认清失败，从失败中总结经验、接受教训是防止下一次失败必不可少的前提条件。不仅如此，我们还要反复演练上一次失

败的情形,对于失败的原因做到心中有数,只有这样,在面对同样的情况时,才能够轻松应对,取得胜利。

2. 错题就是孩子的难点

有人说,世界上最有价值的习题不是专家出的习题,而是自己做错的习题。错题反映的都是急需孩子去解决的学习问题,而这就是孩子学习成绩的瓶颈。只有攻克了这个难关,孩子的学习成绩才能实现突飞猛进,更上一层楼。所以说,收集、整理、归纳和反复利用错题是非常有效的一种学习手段。

 教孩子整理错题集的小妙招

让孩子弄清楚产生错题的原因,明确是答题失误,还是思维方法错误、知识错误、运算错误,对错题进行分类;不同的错题要采用不同的处理手段,比如因粗心大意做错了,这类题起警示作用;收集错题不在多,而在精;让孩子按正确的思路规范地把原题做一遍,以便加深印象,逐步提升解题能力;让孩子定期做一遍,防止遗忘。

 父母思考:为什么孩子做了错题集,效果不明显?

原因包括:可能还没有积累到一定的程度,做错题集是一个厚积薄发的过程,前期的积累到了一定的程度才会出现明显的效果;孩子的确是做了错题集,但并没有对错题进行有效利用,或者是做完了就搁置一旁,不管不顾。

细节 78　知识零乱
——总结、归纳和构建知识网

妈妈：这两个知识点之间有没有什么关系呢？

儿子：好像是没有什么关系。

妈妈：他们都是同一主题下的内容，肯定是有关系的。

儿子：那我再想想。

在学习任何一门学科的过程中，孩子都是一个知识点一个知识点地学习、掌握的。这些知识点都是分散的，就像是散落在地上的珍珠，需要一粒一粒地拾起。而这种零散的知识点是最容易学完就忘的，想要学到的知识不容易忘却，就需要把这些分散的知识点串起来，搭建知识体系，就像需要把散装的珍珠串起来做成一条美丽的珍珠项链一样。

1. 由点到线，由线到面

各个知识点彼此之间都是存在内在联系的，它们之间是有异同点的，而把握它们的这种关系就是构建知识网络的前提。因此，这要求我们认真学好每一个知识点的内容，打下坚实的基础，把握知识点之间的逻辑联系，认真思考并选择合适的体系结构，从而实现由点到线，由线到面，构建起知识网。

2. 构建知识系统是培养分析问题和解决问题能力的关键

从本质上来看，构建知识系统是一个收集、整理、归纳、总结知识的过程，是为了更好地消化、吸收和管理知识，而最终的目的就是更好地应用知识。当孩子具备了运用知识的能力时，就证明孩子已经具备了分析问题和解决问题的能力。

 家长教孩子构建知识体系的小妙招

首先，让孩子考虑好要搭建的知识体系所要装载的内容，确定主题；再其次，让孩子根据所选择的主题预设知识框架；再次，让孩子搭建基本框架，并补充上合适的内容；然后，让孩子将搭建的知识框架运用到实际学习中去，通过实践来检验框架的合理性，不断完善和改进已搭建的知识框架；最后，让孩子进行周期性的知识更新，不断地推陈出新。

 父母思考：构建知识框架有什么好处？

构建知识框架有助于深耕某一领域，强化认识与思考，易于培养一技之长；可以推动带有目的性的主动学习，提高自主学习力；可以促进知识的持续更新，快速实现知识的增量积累；不断提供发现、分析、解决问题的知识和创新理论。

细节 79 做到一半，卡住了
——学会不断修正、更新自己的学习方法

女儿：这道题我做不出来。

爸爸：为什么不行？

女儿：就是算不出答案，卡住了。

爸爸：你可以选择换一个解题方法。

正如我们常说的，每个孩子都应该找到适合自己的学习方法。然而，适合孩子的学习方法不应该只有一个，而应该是多种多样的。面对不同的学科、不同的学习问题，孩子应该具体问题具体分析，再从众多学习方法中挑出一个最合适的。尽管如此，孩子还需要在学习情况发生变化后，学会不断修正、更新自己的学习方法，以适应变化了的情况。

1. 学习方法一定要对

当学习成绩增长缓慢，或是成绩倒退时，首先需要检查的是学习方法。想要学习好，就必须保证学习方法没有问题，不然学习方法不对，下再大的功夫都收效甚微。努力是投入在学习中的精力与时间，而学习方法是时间和精力转化为学习成果的效果，效果好，才是学习的最终目的。

2. 适合自己的学习方法是需要探索、修正和更新的

对孩子而言，不是选择了一个正确的学习方法就一劳永逸了，而是要在学习的过程中通过加深对自己学习情况的了解，不断探索出一个最适合当下学习情况的学习方法。在之后的学习中，不断地调试学习方法，检测学习成果，再修正、更新学习方法，以实现成绩的增长。

 教会孩子不断修正、更新学习方法的小妙招

用孩子的学习成绩说话，把成绩的变动视作修正、更新学习方法的条件；用实践的结果说话，方法服务于实践，当在实践过程中发现方法存在问题，应当立即修正、更新学习方法。

 父母思考：有哪些错误的学习方法？

被动地接受知识，而没有主动地去思考和探索；学习时没有做好区分，把所有的时间和精力平均分散在各个科目上，平均用力；每个知识点学完后就搁置一旁，从不温习学过的知识；学不以致用，不把掌握的知识用到实践中去；只做简单的知识量的堆砌，而没有进行收集、整理、归纳、总结，构建知识体系等。

细节 80　只喜欢默读
——朗读与背诵有助于理解与记忆

爸爸：女儿，早晨的时候你可以多读一读需要背诵的内容。

女儿：我不喜欢读书。

爸爸：只是低头默默看书，容易走神。大声读出来有助于注意力的集中。

女儿：我试试吧。

对于文字性的科目，朗读与背诵是必不可少的学习手段之一。比如，语文和英语这两门基础性科目，词汇量大，政治和历史这种含有大量理论性知识的科目，内容量大，这都存在一定的入门障碍，都要求孩子牢牢地记住科目体系下大量的知识点。唯有养成朗读与背诵的学习习惯，才能攻克这一难关。

1. 朗读与背诵有助于理解

古话说："书读百遍，其义自见。"背诵是在朗读的基础上熟悉书面材料的结果。朗读与背诵是强化知识理解的重要步骤之一。当孩子对某一知识点存在理解上的障碍时，不妨试一下反复朗诵的方法，看看能不能帮助孩子突破理解上的瓶颈。

2. 朗读与背诵有助于记忆

对于大量的文字性内容，孩子在理解的基础上，通过反复朗读与背诵，从而形成固定记忆，但记忆的有效性要求了朗读与背诵的周期性，仅仅当下记住了是不够的，要保持长久的记忆效果。而只有通过定期进行朗读和检测，才能强化记忆效果，让短期记忆成为永久记忆。

 父母教孩子朗读和背诵的小妙招

首先，让孩子把知识点的提纲提取出来，搭建起知识框架；其次，让孩子记住其中的关键要素，比如时间、空间、人物，表示实际方位、顺序的词语，形成场景和脉络；再次，让孩子从头开始逐句背诵，用第一句带第二句，向下延伸开来，直到最后。

 父母思考：有哪些高效的背诵方法？

对比法：把知识点中具有对比性的内容挑选出来，记住这个对比的性质、特点和作用，继而背诵全部内容。

情节法：先将内容按照故事的起因、经过、发展、高潮和结果进行梳理，形成故事脉络，然后再背诵记忆。

情景展示法：通过联想和想象，将内容转化成一个场景，根据情境熟读。

细节 81　脑子一片混乱

——对知识要做好知识分类，做到心中有数

> 儿子：这道题我解不出来。
> 爸爸：怎么了？
> 儿子：越往下算，脑子越晕。
> 爸爸：你理清思路，想一想要调用哪方面的知识来解题。

随着学习内容的深入和学习难度的提升，大脑里储存的知识会越来越多。大量的知识囤积在大脑里，若得不到及时有效的运用和复习，就会被新学的知识替代，以致被遗忘。针对这种情况，要求孩子要对已经学完的知识进行详细清楚的分类，以便于后期使用。

1. 知识分类有助于提高学习能力

知识分类并不是单纯对学习的内容进行划分，它是一种思考行为，这意味着孩子在分类时，会对学完的内容进行处理和加工，这在一定程度上会推进孩子对知识的消化与吸收，理解与记忆，从而提高学习能力。

2. 知识分类是再学习的一个过程

在进行知识分类的过程中,孩子会对已经储存在脑海里的知识进行一次彻底的复习,这是再学习的一个过程。这对于已经掌握的知识能起到温故知新的作用,对于掌握得不是很牢固的知识能起到查漏补缺的作用,既能达到复习的目的,又能产生加强巩固的效果。对于提高孩子的记忆力,这也是一个值得一用的好方法。

 父母教会孩子知识分类的小妙招

首先,要确保孩子对学到的知识有全面、细致的了解;其次,让孩子开展深入的思考,继而理解和吸收,将不能吸收的知识归入难点中;再次,按照学科、主题、难易程度和重要性进行归类;最后,将归好的每一类知识按照由难到易进行树状罗列。

 父母思考:有哪些知识分类的标准?

按照难易程度划分,可分为不易掌握的知识和完全靠记忆而掌握的知识;按照学习进行的方式划分,可分为接受学习和发现学习;按照学习材料与学习者原有知识的关系划分,可分为机械学习和有意义学习;按照学习结果划分,可分为言语信息、智慧技能、认知策略、态度和动作技能。

细节 82　没有清楚的自我认知

——认识自己，分析优劣势，统筹全局

儿子：我数学考了78分。

妈妈：这分不算高啊。

儿子：我研究过，主要是在图形这一块丢了很多分数。

妈妈：那你就要在这一块多努力了。

俗话说："知己知彼，百战不殆。"擅长学习的人，肯定对自己的学习情况有着全面而充分的认识和了解。而这个清楚的认识是以对自己做的剖析和思考为前提，这个清楚的认识是为了帮助自己找到自己的优势和劣势，然后有针对性地进行提升。

1. 认识自己，才能不骄不躁

对孩子而言，认识自己很重要，孩子永远要保持对自己有清楚的了解和理智的认识，这样在任何情况下就都不会迷失和盲目，不会一拍大腿就做决定，更不会一股脑地沉浸在错误的思维中，在学习中，这点尤其重要。孩子要知道自己的不足是什么，自己的长处在哪里，只有这样，才能不骄不躁，拥有一颗平常的心态。

2. 统筹全局才能提升综合学习能力

统筹全局的前提就是孩子要对自己学习的整体情况有充分的了解和把握，大到哪一个科目比较薄弱，小到哪一节知识点没有完全掌握，这些情况都需要孩子了然于胸。只有做到了统筹全局，孩子才能补足短处，发扬长处，实现学习成绩的最大化。

 父母教孩子分析优劣势的小妙招

家长可以让孩子养成记日记的习惯，定期回顾，从中发现问题；让孩子多与不同的人接触、交流，通过他人对自己直接和间接的评价来帮助分析自己；让孩子学会自省，多通过结果回顾自己的经历，从中寻找不足和错误；让孩子不要一味地纠结于自己的缺点，一定要多看看自己的优点，平衡好自己的所得与所失。

 父母思考：如何建立清晰的自我认知？

首先，要充分了解自己，掌握深入进行自我剖析的能力，充分了解自己的优势和劣势；其次，要完整地接纳自己，抵制完美主义倾向，放下对自己的否定与怀疑，正视自己不够完美的部分，积极健康地成长；再次，坚定地相信自己，有勇气接受挑战并承担后果；最后，要懂得欣赏自己，培养出强大的内心能量。

第七章

杜绝不良习惯，排除学习的负面干扰

不良生活习惯是指所有有碍健康，对生活、学习和工作造成不良影响的习惯。不良习惯看似和学习的关联度不大，但它从侧面给学习造成的危害不容小觑。

细节 83 只爱大脑运动，不爱身体运动
——脑体结合，学习和其他活动应合理安排

儿子：今天学习一天了，好累啊。

爸爸：那我们出去打一场羽毛球吧。

儿子：那多浪费时间啊。

爸爸：怎么会呢？大脑运动和身体运动有效结合，学习成绩才会更好。

学习成绩的好坏并不只在于大脑运动，而是脑力运动和体力运动的综合结果。孩子没有养成锻炼身体的习惯，没有把身体锻炼和脑力运动相结合，身体素质得不到提高，就会对孩子的学习起到不好的作用。

1. 身体健康是学习的本钱

人们常说，身体是革命的本钱，其实也可以理解为身体健康是学习的本钱，没有好的体魄，何谈伟大的目标与理想。只有身体健康、强壮，才能有充足的体力和精力去解决学习上的难题，从而取得好成绩。

2. 脑体结合，学习效果好

面对巨大的学习压力和快节奏的学习生活，孩子会花比较多的时间在脑力运动中，以至于很难抽出时间来做体育锻炼。这时候，家长就要给孩子安排一些适当合理的体育活动，使孩子从长时间的脑力运动中暂时脱离出来，获得休息与放松，与此同时还锻炼了身体，一举两得。

家长教孩子养成体育运动习惯的小妙招

首先，家长要让孩子意识到缺少运动的危害，帮助孩子树立正确的运动意识，敦促孩子养成良好的运动习惯；其次，家长要发挥好带头作用，带着孩子一起做运动；再次，家长应该严格规定好孩子的运动时间，并提供一些适龄的运动器材；最后，帮助孩子合理安排好学习和其他活动的时间。

父母思考：如何使孩子脑体结合？

学习和体育活动交替安排，比如，把学习安排在注意力最集中的上午，这时学习效果好，下午可以增加一些锻炼活动；学习时间不宜过久，适当安排一些体育活动；安排科目时，文科、理科的学习要错开，相近的学习内容不要集中在一起学习等。

细节 84 孩子不是不会,就是马虎
——小马虎也是大毛病

爸爸:你这次数学怎么考得这么差?

儿子:我有点粗心,明明会做的题但还是做错了。

爸爸:那你接下来打算怎么改掉你这个粗心的毛病?

儿子:我也很茫然,也不知道该怎么办。

粗心是孩子学习路上的拦路虎。在学习的过程中,经常能听到孩子考试后的评价:试卷上的很多错误都是由粗心造成的,很多分数是不应该丢掉的。家长为此犯愁,孩子也因此受到打击。家长反复强调不要马虎,要细心,可孩子总是会犯同样的错误,始终没有意识到问题的严重性。

1. 孩子从小就要杜绝粗心的坏毛病

一个学生的马虎无非是在考试中丢了分,一个公司的财务人员在计算营业额的时候算错了账会给公司带来一笔损失,可如果一个飞机修理工在维修飞机的时候粗心大意,那付出的代价将会是数百名乘客的生命安全。因此,从小杜绝粗心大意的坏毛病,是每个孩子都应该铭记于心

的行为准则。

2. 理智分析孩子马虎的成因

孩子马虎的原因有很多：学习态度有问题，随意糊弄，不认真对待；孩子性格有问题，总是毛毛躁躁、大大咧咧，做事顾头不顾尾；孩子没有责任心，做事随意懒散、漫不经心；孩子心理发展比较迟缓，注意力不够集中，做事不够仔细。家长一定要找到孩子马虎背后的原因，才能从根源上改掉孩子马虎的习惯。

 家长应对孩子粗心的小妙招

家长应减轻孩子的学习负担，科学合理地安排孩子的作业；给孩子积极的心理暗示——专注、踏实、仔细；慢慢淡化粗心的心理暗示，鼓励孩子有信心去解决粗心的问题；让孩子养成自我检查的好习惯；释放焦虑，平心静气，让孩子有好心情去面对问题；让孩子养成井然有序的做事习惯，凡事都杜绝粗心大意，等等。

 父母思考：什么样的孩子更容易有马虎、粗心的表现？

性子比较急的孩子，他们更容易冲动，下决定快，做事也快；心理素质比较差的孩子，他们容易焦虑、慌张，更容易出错；做事没有条理的孩子，他们做事情没有任何计划，执行过程中容易出现错误；注意力不集中、容易走神的孩子，他们在学习的过程中容易遗漏掉重要的细节；视觉能力不好的孩子，他们容易看错东西。

细节 85 字迹潦草

——一手好字,受益一生

爸爸:你这作文的字迹潦草,很多字我都不认识。

儿子:只要内容写得好就行。

爸爸:阅卷老师没有时间去辨认你的每个字,他只会觉得你不认真。

儿子:那要怎么办啊?

我们常说,字如其人,见字如见人,这是因为人们在潜意识里就把字看作是人的一种代表、一个象征符号,字是人的一张隐形的脸。书法是中国传统文化的重要组成部分,代表了中国人的一种审美观念。写出一手好字,能使人感受美,欣赏美,从而让人形成一种莫名的信赖和认可,给人留下深刻的印象。

1. 写好字是学习的一项必备技能

写字也是学习能力的重要组成部分之一,字呈现出来的效果在考试中显得尤为关键。有些孩子字迹潦草,写的字东倒西歪,就像是笔摆脱了手的控制随意飞舞一样，让人难以辨认，这会严重影响考试成绩。

2. 一手好字，受益一生

书法具有广泛的实用性，字写得规范、整洁、清楚，看字的人也会觉得是一种享受。书法可以修身养性。练字能使人平心静气，它能培养人的专心、细心、耐心和毅力等优秀品质。因为书法是一门技术活，它的内在规律和要求决定了练习者必须认真对待，一丝不苟。因此，练字有益孩子健康，能使孩子的身体和精神得到放松。

 让孩子写出一手好字的小妙招

在日常的学习中，家长应该让孩子注重写字的工整，规范、整洁、清楚是最基本的要求；家长应该帮助孩子纠正错误的握笔手势，保持正确的书写姿势；家长也可以让孩子参加书法班，让专业老师来指导孩子练字。

 父母思考：字写得不好的后果真的很严重吗？

字写得不好往往是由错误的坐姿和不正确的握笔方式造成的，这还会引发近视、驼背、颈椎受损、容易疲倦等一系列健康问题；会降低孩子做功课的速度；孩子看到自己写的字也会产生消极的心理，打击自信心；会影响别人对孩子的主观判断，等等。

细节 86 孩子一声不吭
——有疑问才有进步

> 爸爸：老师反馈你很少在课堂上问问题啊？
> 儿子：老师讲的知识我都听懂了，没有疑问。
> 爸爸：那老师讲的知识以外的呢，你思考过吗？
> 儿子：这个好像没有。

古人谈到学问一直倡导"勤学好问"，把爱问问题和刻苦钻研放在同一重要地位上，"学"和"问"相辅相成，互为补充，缺一不可。只学习，不思考，容易走进错误知识的死胡同里；只思考，不学习，学习知识的根只能扎进浅层次的土壤里，流于表面。由此可见，孩子在学习的过程中养成发问的好习惯是多么重要。

1. 多问问题有益发散思维

当孩子在课堂上，顺着老师讲课的思路，对老师讲述的所有内容一概吸收，不带任何怀疑和拓展就放进自己的知识存储库，这个时候孩子脑子里的问题解决方案单一，不缜密，联系性不强，逻辑思维单一，发散性思维得不到发展，长久下去，孩子就会缺乏创造力。这都是孩子不爱问问题，一味接受知识灌输的后果。

2. 敢于提问是获得知识的关键步骤之一

学问，其实就是学会如何问问题，是一种带有思考性质的探索知识的方式。孩子敢于提出问题，说明他是个肯钻研、认真、敢于突破困难的好孩子。对问题进行深入思考，才能促进知识的吸收，强化理解和记忆，这也是检验孩子是否掌握该知识点的好方法。所以，每个孩子都应该抓住提出问题，和老师、同学探讨问题的学习机会。

 鼓励孩子多问问题的小妙招

父母要鼓励孩子大胆地思考，展开联想和想象，注重事物之间的联系，培养和提高孩子的发散思维能力；鼓励孩子直视问题，不逃避，有挑战问题的勇气和刻苦钻研的态度；让孩子有"机遇"意识，要能意识到机会的重要性，珍惜机会，抓住机会；培养孩子敢于质疑权威，挑战传统，突破旧事物的局限，等等。

 父母思考：孩子要怎么问问题？

孩子一定要明确询问对象的情况，要了解对方能否提供答案，也可以通过其他渠道获得答案；保持谦逊的姿态，既不要觉得难为情，也不要傲慢；孩子在问问题之前一定要先问自己，看能否通过自己的力量解决问题；要抓住核心问题，直奔主题；要彻底解决问题，不要含糊，务必扫清疑惑，等等。

细节 87 用眼过度

——保护好眼睛

爸爸：你已经玩一下午手机了，休息一下吧。

儿子：我不累啊。

爸爸：你精神不累，可是眼睛累啊。你去户外放松一下吧。

儿子：好吧。

据2018年世界卫生组织的一项研究报告显示，中国近视患者达6亿，青少年的近视率居世界第一，且仍然呈上升趋势。2020年6月5日，国家卫生健康委发布了首部眼健康白皮书《中国眼健康白皮书》，我国青少年近视总体发生率为53.6%，大学生近视总体发生率超90%。

1. 近视是导致视力损伤最主要的原因

近视在低年龄阶段孩子中出现的概率比较大，大都是不良的用眼习惯导致的，是最易患病且患病率最高的慢性眼病之一，严重影响了青少年的身心健康。并且，近视是不可逆转、难以修复的，随着近视程度的不断加深，孩子会慢慢变成高度近视，在进入老年阶段后，会引发一系列眼部疾病，甚至是失明。

2. 不良用眼习惯危害健康

家长和孩子都容易忽视错误的生活习惯带来的危害，比如：习惯性用手去揉眼睛，手上携带的细菌很容易引发眼部感染；长时间低头沉浸在电子产品里，会产生视觉疲劳；爱熬夜使眼睛得不到足够的休息；没有意识到强光和反光物体给眼睛带来的刺激，等等。

 让孩子形成爱护眼睛意识的小妙招

家长要减少孩子对电子产品的使用，必须规定孩子使用电子产品的时间；鼓励孩子去视野开阔的户外，多眺望远方；培养孩子良好的用眼习惯，让孩子学会做眼部放松的保健操，学会及时休息；告诉孩子在强光的环境里要戴遮光眼镜；教导孩子学习时要保持正确的姿势；不让孩子在晃动的环境中学习，等等。

 父母思考：什么是假性近视？

假性近视是指由于长时间不科学地用眼或较强的光刺激，导致睫状肌持续收缩、痉挛，出现暂时性的晶状体厚度急剧增加，视力在短短几个星期或是几个月之内下降，具体表现为视物模糊不清。假性近视只是眼球调节暂时出现功能异常的一种情况，这种变化是可逆的。通常，通过适当休息、及时纠正不良用眼习惯后，再配合缓解眼肌疲劳的治疗方法，假性近视的视力就能恢复到正常状态。

细节 88 只学习,别的什么都不管
——德智体美劳全面发展

爸爸:你不能只顾着学习,别的方面也要重视。

儿子:可是考试就只考书本上的知识啊。

爸爸:人是有社会性的,进入社会光靠成绩是不够的。

儿子:好的,以后我德智体美劳全面发展。

古人常常用"两耳不闻窗外事,一心只读圣贤书"来形容一个人学习时的状态,指这个人埋头苦读,整个人都沉浸在知识的海洋里而暂时忘却周边的环境,是对专注和认真的一种鼓励和赞扬。但处于当下信息化时代,一个人若是一味钻研学问,而忽视与外界世界沟通,就是闭门造车,白白错过外界环境中的有用的信息和学习的渠道。

1. 德智体美劳,缺一不可

德育要求自觉地培养出具有高尚人格、美好心灵,讲道德、遵法纪的孩子;智育教人研究学问,求知识,寻真理;体育主要要求做到增强学生体质,提高运动素养,促进身体的正常发育;美育发展孩子

鉴赏美和创造美的能力；劳动技术教育是培养学生正确劳动观点，养成良好的劳动习惯的教育。这五种教育是人才全面发展的基础，缺一不可。

2. 只学习不玩耍，就会变成书呆子

优秀的孩子要具备自我认知能力、人际交往能力、主动学习力、动手创造能力、金钱观、语言表达能力、逻辑思维能力、自理自制力、优秀的体魄、空间想象力和积极乐观的心态等，虽说没有面面俱到的、完美的孩子，但是过度强化孩子的学习能力，忽视提高孩子的其他能力，只能培养出考高分的孩子，孩子的综合素质却得不到发展。

让孩子全方位发展的小妙招

父母让孩子要全面发展，不仅要做个学科知识中的强者，还要有丰富的动手实践的经验，并要让孩子了解生活中的常识；家长要帮助孩子塑造独立自主的人格和积极乐观的性格，要自信、坚强、理智等；有条件的家长可以带孩子外出旅行，多看看世界，开阔眼界，增长见识；树立正确的理财观念，养成勤俭节约的好习惯。

父母思考："只要努力学习就好"的观念会给孩子带来什么样的后果？

很多家长看到孩子只学习，喜欢独处，不爱玩耍，会认为这是一个很好的现象。当孩子把所有的注意力都放在学习中，不关注外在的事物时，会缺少实践的经验，知识的积累得不到突破，成绩提升困难，也没有时间精力去发展人际关系，缺少信息交流和相互借鉴的机会，遇到困难后很容易陷进主观情绪中，心理压力较大，难以得到全方位的发展。努力学习是一件好事，但只知道学习，忽略其他方面发展做法是不可取的。

细节 89 不愿意动手和动笔
——实践帮助成长

爸爸：别光盯着题目看，你得动手写一写。

儿子：这道题我想了半天也没想出来。

爸爸：你动手在草稿纸上试试，有可能写着写着就想到了。

儿子：嗯，我试试。

有些孩子在学习上常有的一种表现是：经常对着作业本或是试卷发呆，不愿意动笔，直到不能再拖时才会匆匆应付任务。

1. 家长要相信孩子的动手能力

有的孩子在幼儿园里表现都很好，但一回到家里就会什么都不做，什么都不管，遇到任何事的第一反应就是不需要自己做，会有人帮着做的，连穿衣、吃饭这些活动都央求大人帮着来做，父母也没有意识到在日常生活中应锻炼孩子的能力，对孩子的撒娇容易心软。当父母狠下心或是抽不出时间替孩子解决问题时，孩子会以为家长不喜欢自己了，甚至变得更加任性，更加排斥自己动手。

2. 动笔是综合能力的体现

动笔不是胡写,而是把自己心中所想,化作文字,浮于纸上,从所思所想到落笔,这一整个过程考察的是孩子的综合能力。动笔是目的,是思考的结果,所以,孩子养成爱动笔写字的好习惯至关重要,家长一定要重视孩子多动笔这一习惯的养成。

 让孩子愿意动手、培养孩子独立性的小妙招

家长要反思自己的教育模式,不断地改进和孩子之间的相处模式,放下对孩子的担心和不信任;家长要尝试放手,给孩子灌输独立自主的思想,要让孩子认识到"一切靠自己"的必要性;家长要和孩子多沟通、多互动,保持和谐的亲子关系,多聆听孩子的反馈和意见;家长要多鼓励、帮助孩子,共同渡过难关。

 父母思考:多动笔都有哪些好处?

好记性不如烂笔头,多动笔能强化对知识的记忆,提高记忆力;多动笔容易提高做题的准确率;提高专注度,有益于获得新的思考角度,开拓思路;孩子不愿意多动笔,缺少练习,就容易眼高手低,心高气傲;孩子多动笔能提高学习的活跃性和自主性,更有动力和冲劲。

细节 90 打起精神，强撑着学习
——学会休息，学会放松

> 爸爸：都这么晚了还不休息吗？
>
> 女儿：这正写到兴头上呢，现在肯定是睡不着了。
>
> 爸爸：学习投入固然好，但一定要学会休息，学会放松，毕竟学习是场持久战。
>
> 女儿：好的，爸爸，我知道了。

学习是一场攻坚克难的持久战，任何难题都不可能在很短的时间内得到有效解决，这就要求孩子要学会选择休息和放松。在身体和大脑疲惫的时候选择休息和放松不是逃避、退缩的行为，是重整旗鼓，整装待发，是为了更好地解决问题，更有效地解决问题。

1. 身心俱疲，学不好

当孩子的身体和大脑十分疲惫时，如果孩子还选择强撑着继续学习，那么，在这种情况下，孩子的学习效率就会十分低下，学习效果是难以达到预期水平的，这还会增加精神刺激和心理困扰，给孩子造成严重的心理负担。长期的无效学习会让孩子对学习心生厌恶，不利

于身心的健康发展。

2. 自我放松，学得高效

身体和大脑得到了充分的休息和放松，会使大脑更加灵活，身体更加轻盈自在，注意力更加集中，思路更加畅通，思维更加活跃，从而使学习效率得到提高；同时还能使孩子身心愉悦，有益健康。

 父母教孩子学会放松的小妙招

父母可以让孩子多看些课外书，转移下孩子的注意力，换个思维环境平复下心情；也可以建议孩子试着去外面走一走，亲近自然，有条件的可以来个假日旅行；在家可以给孩子放点他感兴趣的音乐，音乐可以使心情变得愉快，同时有助于缓解疲劳；还可以带孩子多去做运动，用流汗的方式排解身体的不适。

 父母思考：学习效率和学习时间有什么样的关系？

科学研究发现，学习超过2小时，效果明显减弱，超过4小时的持续学习几乎不会产生任何学习效果，因此合理的休息、放松与高效率的学习同等重要。一次过度消耗甚至透支学习精力是不能保持长久高效的学习效率的，因此，应控制好高强度的学习时间，避免精神疲劳。

细节91 "夜猫子"学习法

——熬夜学习,效率不一定高

爸爸:这都12点了,怎么还不睡觉?

儿子:我晚上心更静,思维更加活跃,学习效率高,我要熬夜学习。

爸爸:那不行,你明天还得上课,同样不能耽误。

儿子:那好吧。

在嘈杂、繁闹的白天结束后,迎来了相对安静的夜晚时光。夜晚的黑会使孩子的眼睛聚焦于灯光照射范围之内的事物,身处的环境中没有了大量噪音的干扰。夜晚的静也会使孩子的大脑思维更加专注,注意力更加集中,能使孩子保持最佳的精神状态,学习效率更高,这也就是很多孩子更倾向于在夜晚学习,甚至是熬夜学习的原因。

1. 熬夜学习的精神可取

当孩子选择熬夜学习的方式时,这从侧面反映出该孩子的学习态度端正,重视学习,其有一颗努力学习、积极向上的心。当出现这种情况时,家长一定要对孩子的学习精神给予充分的肯定和高度的称赞，让孩子感受到父母对他努力、勤奋的尊重。

2. 熬夜付出的代价，远远高于要追求的目标

无论是打游戏、追电视剧，还是学习，熬夜都是个坏习惯。熬夜违背了应有的学习规律和作息规律，带来的是第二日的晨起困难、食欲不振、注意力难以集中、上课容易打瞌睡等问题。此外，熬夜还会加重身体负荷，降低人身体的免疫力和抵抗力，使人容易生病，损害身体健康。

 家长帮孩子改掉熬夜学习的小妙招

家长应当让孩子意识到熬夜学习和正常的校园学习是相互矛盾的，白天的校园学习一定会受到熬夜学习的影响；真正的学习拼的是效率，而不是大把时间的投入，学习时间投入多并不意味着学习效率高，只有把学习时间用在正确的情况下，学习才能有高产出；让孩子的生活与学习规律化，养成高效利用最佳用脑时间的学习习惯。

 父母思考：孩子为什么会选择熬夜学习？

孩子受到"不熬夜何以称刻苦"这一错误思想观念的驱动，陷入了"熬夜=刻苦"的认知误区；孩子本应当在白天完成的课业任务，因种种原因耽搁而未完成，比如打游戏等；孩子的学习方法存在问题，学习效率不高；庞大的知识体系和繁重的学业任务与紧张有限的学习时间之间的矛盾等。

细节 92　没有养成使用工具书的习惯

——学会运用各种手段搜集资料

妈妈：不会的字和词不要忽略不管，要学会用字典。

儿子：字典是干吗用的啊？

妈妈：字典是用来查阅生字、词的，可以帮助你了解它们的含义。

儿子：好的，我知道了。

孩子在阅读时常会遇到一些生僻的或难以理解的字、词，这会影响到对文章的准确理解，产生阅读障碍。很多孩子在遇到此类困难时，要么不理睬，直接跳过去，要么是用形近字、词的含义来推断它的含义，囫囵吞枣，还有的是直接询问身边的人，这三种做法都是不正确的。

1. 学习问题不可忽视

当孩子遇到上述问题时，没有采取正确的手段，如查阅字典来解决生僻的或难以理解的字、词，那么下一次同样的情况再次出现时，这些字、词还会是孩子学习路上的拦路虎。正确的做法应该是通过种种手段解决问题，而不是把问题留在那里。消极应对学习上的难题是不可取的。

2. 采用多种学习手段解决问题

人类进入互联网时代后，获得学习资源的途径更广，方式更便捷，孩子可以通过互联网这一现代科技手段来解决遇到的学习问题。当然，像查阅字典这类传统的学习手段，仍然是非常值得提倡使用的。

父母教孩子学会运用各种学习手段的小妙招

当孩子遇到一些生僻的或难以理解的字、词或者学习难题时，一定要让孩子学会分析问题，而不是直接寻找答案。在孩子对问题做了一番思考后，父母才可以教孩子运用各种学习手段，如教孩子查阅字典、辞典等工具书；带孩子去图书馆检索相关主题的书目，借阅图书；陪孩子一起用搜索网站查询资料或信息，进入专业论坛，等等。

父母思考：为什么孩子没有养成使用搜索工具的习惯？

孩子不具备克服困难的勇气和坚持到底的精神；孩子每次遇到问题都能直接获得答案，没有养成独自思考问题的习惯，以致遇到问题，消极应对；孩子没有意识到搜索工具是"不说话的老师"等。

细节 93　学习带来苦恼

——管理好情绪，在学习中保持心情愉快

爸爸：怎么了？看你今天心情不太好。

女儿：今天数学考试考砸了。

爸爸：一场考试而已，不是大事，好好总结考试经验就好。

女儿：好的。

学习不是坦途，不是一条笔直的康庄大道，而是充满波折和坎坷的曲折小道，因此，孩子在学习的过程中时不时地产生一些消极情绪也是正常的，是情有可原的。但是，这并不意味着孩子可以消极处理自己的情绪，任由情绪为所欲为。

1. 好情绪对于学习至关重要

当孩子心情愉快的时候，大脑就处于最佳的学习状态，这时孩子对任何难题都能保持较高的专注度和较平和的心态，能够以积极主动的态度去学习，这种情况下，学习效果自然不错。而当心情不好时，孩子的抵触情绪强烈，容易走神，很难学得进去，抑或是钻牛角尖，掉进一个学习误区里出不来。

2. 在学习的过程中，保持好心情

家长应当让孩子牢牢记住：谁能够有效地控制住自己的情绪，始终保持愉快轻松的状态，谁就能取得更好的学习效果。父母要教孩子学会控制和调节自己的情绪，让孩子始终处于最佳的学习状态之中。

父母正确对待孩子负面情绪的小妙招

家长要冷静应对；不随意否定孩子的负面情绪；不强行制止孩子负面情绪的表达和发泄；接纳孩子的负面情绪，允许孩子情绪的发泄；当发现孩子有情绪失控的苗头时，要及时干预；及时表达出对孩子的问候和关心；通过沟通的方式转移孩子的注意力，并了解背后的原因，帮助孩子打开心结；找到办法，和孩子一起解决；等等。

父母思考：让孩子学会控制情绪有哪些好的方法？

心理暗示法：做积极的心理暗示，增强信心，相信一切都会变好。

注意力转移法：把注意力从引起不良情绪的情境或事件中移开。

适度宣泄法：通过发泄达到摆脱的目的。

自我安慰法：找到合乎内心需求的理由来辩解。

交往调节法：找朋友谈谈心，或出去玩耍。

情绪升华法：将不良情绪向积极的一面转化。

细节 94 老师教的方法不管用
——学习要多疑多思

儿子：爸爸，老师教我的这个方法不管用。

妈妈：那为什么不用一下别的法子呢？

儿子：我没想过。

妈妈：当一个法子行不通的时候，一定要多思考。

每一位老师都会教授特定的解题思路和解题方法，而老师所教授的方法并不能帮助孩子解决作业和考试中遇到的一切问题，这就要求孩子要多疑多思，要学会寻求新的解题思路和方法。

敢于质疑才是主动学习

蒙森说："人类的创新之举是极其困难的，因此便把已有的形式视为神圣的遗产。"这里所说的"已有的形式"指的是惯性思维或是做事情时的因循守旧。孩子一定要勇于摆脱思想束缚，不故步自封，敢于对已有的模式发出质疑和挑战，在已有的方法上做出突破和创新，这样孩子的学习效果才会出现质的飞跃。

父母培养孩子多疑多思的小妙招

家长要培养孩子的问题意识,带领孩子去发现那些有价值、有意义的问题,然后再经过持之以恒的努力,获得想要的答案;培养孩子的发散思维,当孩子的大脑思维卡壳时,引导孩子转换思路,抛下以往的思维习惯,寻找不同的方式和方法;帮助孩子树立实践检验理论的想法,用实践结果推动理论突破和创新。

 父母思考:随意提问题就一定是好的学习方法吗?

敢于提问,懂得提出好问题才是好的学习方法,而不是随意提问,胡乱提问,把提问题当作学习的万能钥匙。家长要告诉孩子,提问前,一定要保证自己已经对这个问题做出了详细的思考,明确这是一个值得探讨的问题,并组织好语言,然后再选择一个合适的时间和场合进行提问。

细节 95　书包、书桌一团乱
——学会整理学习物品很重要

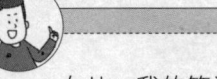

女儿：我的笔记本找不到了。

爸爸：你仔细想一想，你最后一次见笔记本是什么时候？

女儿：我记得，我做完笔记就塞进课桌里了。

爸爸：和你说过很多次了，学习物品一定要整理好。

孩子的书包、书桌总是乱作一团，经常是找个东西都要费一番工夫；孩子每次考试前都要想半天，有没有落下考场上必须要用的物品。这些都是孩子没有条理，没有养成整理物品好习惯的体现。

1. 学会整理好学习物品至关重要

孩子养成定期整理学习物品的好习惯有这样几个好处：第一，能在最短的时间内找到需要的用品，节约时间，提高学习效率；第二，能帮助孩子杜绝忘带的错误，避免严重问题的发生；第三，能帮助孩子暂时从繁重的课业任务中抽离出来，得到适当的休息和放松，这会给孩子带来轻松愉悦的好心情。

2. 能否整理好学习物品是综合素质的反映

整理好学习物品并不是一项简单的活动,它能反映出孩子是否具备一定的自理能力和清晰的逻辑思维能力,对第二天的校园课程规划是否做到心中有数,这与孩子的综合素质有很大的关系。

 家长教孩子学会主动整理学习物品的小妙招

第一,分类摆放。家长可以给孩子准备一个小柜子或者小书橱,教孩子将各类书籍、教材、练习本等分类摆放。第二,自己动手。让孩子每天按照课程表自己整理书包、收拾文具,家长可站在一旁监督,必要时给予提示。第三,学会归位。让孩子把用过的物品放回原处,并养成习惯。

 父母思考:整理好学习物品和学习的关系真的那么紧密吗?

整理学习物品看起来不是一种很严肃的学习行为,可实际上,这对于搭建一个安全稳定的学习环境至关重要。孩子思路清晰,所有的东西都摆放得整整齐齐、井然有序,这既能给孩子带来心理上的稳定感和满足感,同时又能打造一个规整、清晰的外在环境,这都有利于构建出一个良好的学习环境。

第八章

学习路上并非一帆风顺,做好成长的心理准备

想要在遍地荆棘的学习道路上取得成功,就要具备一定的心理素质。孩子要做好长期奋战的心理准备,要有迎难而上的勇气,相信自己,坚持不懈,坚信勤劳的汗水加上正确的学习方法一定会带来进步和提升。

细节 96 怎么学了好久都没效果呢
——学习不会产生立竿见影的效果

学习没有速成法，不是立竿见影的一件事，而是循序渐进的一个过程。很多心急的孩子和家长都容易焦躁、慌张，总希望能在最短的时间内通过集中式的努力和付出取得大的进展，并对阶段性的学习监测成果抱有盲目的高期许，可当短期内效果不明显时，孩子情绪就会大跌，丧失继续学习的信心和动力。

1. 一天的努力效果是不明显的

古人常说："只要功夫深，铁杵磨成针。"这句谚语告诉我们：持久有效的努力才能换来明显的效果。学习也是如此，对孩子来说，一日的努力必不可少，可这并不意味着一日的努力就能在第二日很明显地呈现出来，就像是磨了一天的铁棒的大小一样变化微乎其微。

2. 学会验收阶段性的学习成果

磨了一天的铁棒的大小变化微乎其微，但是磨了一个月的铁棒的大小变化是明显的。家长可以给孩子设定一个中期学习阶段，验收阶段性的学习成果，将孩子中期的知识储备情况、解题能力和学习成绩与前期对比，从中发现孩子的进步，提高孩子学习的动力和自信心。

细节 97　这门学科好难入门
——学习起步阶段是难熬的

在少数学科的初始学习阶段中,孩子会遇到比较多的知识难点和知识误区,难度系数比较高,需要孩子投入大量的时间和精力去解决知识方面的问题。综合所有因素,这一阶段孩子学起来会很吃力,对孩子考验大,这是孩子学习路上需要跨过的第一道门槛。

1. 风雨过后见彩虹

学习就像开车,起步加速阶段是最困难的,也是最耗油的,可速度一旦提上来后,车子就进入了稳步行驶的状态,后期即使要高速行驶,那也是不困难的,也不会消耗太多的油。学习也是如此,熬过了初始阶段,养成了规律性的习惯,大脑会保持高速匀速运转,孩子就不会再有初始阶段的痛苦,所以这要求孩子要学会坚持。

2. 量变引起质变

学习是从无到有的过程,也是破旧立新的过程,是一个比较大的挑战。而初始阶段的知识积累是打基础的重要环节,只有在前期稳扎稳打,把该学科内的基础知识掌握牢固,后期才能实现成绩的提升,取得学业上的好成果。

细节 98 和难题较上劲了
——谨防目标的过程性迷失

孩子在学习的过程中,经常会出现这样的情况:和一道难题较上了劲,非要把笔下的题算出结果才能解决后面的题,或是对于卷面干净整洁要求高,写错了之后会使劲擦试卷,以致卷纸被擦破了,还有的是一旦出现负面情绪了,就沉浸其中,无法进入专心学习的状态中,这些都是孩子目标的过程性迷失的表现。

1. 在追求目标的过程中,忘记了目标

在开始的时候,孩子都会在脑中树立学习目标,大到誓言期末考试成绩要达到多少分,小到规定好晚上的学习时间,这个时候孩子都是满怀斗志,信心满满。可时间一长,强烈的目标感逐渐弱化,孩子甚至会忘记自己最开始定下的目标,迷失了方向,这就是目标的过程性迷失。

2. 眼光要放长远点,不要因小失大

目标的过程性迷失所造成的后果就是因小失大。当孩子忽略了长远的目标,没有从长远的角度来思考,目光聚焦于眼下的问题时,思路就会钻进死胡同,就会变得死脑筋或一根筋,不计较整体利益,不顾得失,后果就是即将承担重大损失。

细节 99 学习成绩波动幅度大
——学习是在起起落落中进步

在孩子学习的过程中,家长都会看到孩子的成绩时而上升,时而下降的现象。这本是一种正常的情况,可对于身在其中的孩子和家长来说,却将其视为学习成绩不稳定的证明,从而引发担忧与焦虑,对学习方法产生怀疑,极大地影响了孩子学习的自信心和坚持性。

1. 小幅波动很正常

一般情况下,排除掉急剧下降和急剧上升的特殊情况,考虑到每次考试的难易程度不一,侧重点不一,考试时的状态不一,家长应当认识到,孩子的学习成绩有小幅度波动是正常的。因此,不要过多关注这种低频率的起伏,应当让孩子把更多的精力放在错题的分析和研究中,从而使成绩维持在波动中上升的趋势。

2. 大起大落和平稳不变最可怕

人是在起落动荡中成长的,孩子的学习成绩也是在起起落落的波动中上升的,家长和孩子应该警惕的不是小幅度波动,而是那种无波动、无变化,或是急剧下降的情况。在这种情况下,家长和孩子一定要分析其中的原因,从孩子身上找问题,改进学习方法,以取得进步。

细节 100　破罐子破摔，放弃自己

——人生不设限，才会变得优秀

孩子没有实现自己预定的目标，把离成功的距离看作是努力的失败，或是在努力的过程中遇到挫折和麻烦，选择逃避和放弃，其中最根本的原因不是事情本身，也不是周遭的环境，而是在孩子自己身上。放弃没有用，放弃的后果就是错过时机，让事情变得越来越糟糕，因此，家长要教孩子挑起担子，负起责任，采取行动，尽快弥补。否定自己，人生将再无任何可能。

1. 敢想敢干，才能成功

在刀耕火种、衣不蔽体的年代，没有人想到会有衣食无缺的一天；在山高路陡、蜀道难于上青天的年代，也没有人想到会有舟车之利的一天。我们现在拥有的一切，享受的便捷，并不是好运气带来的奇迹，而是一代又一代的先辈的突破和创造，是敢想敢干的成果，是不给自己人生设限的最好证明。

2. 你轻易言败，世界也将放弃你

少年时代是奋进的时代，也是充满无限可能的时期。少年不应该轻易言败，轻易言败将会错过一个又一个可能性，轻易言败只会无限期地拖延成功的到来，轻易言败就是放弃自己的人生，放弃自己的未来。